Erik Flügge

Der Jargon der Betroffenheit

ERIK FLÜGGE

DER JARGON DER BETROFFENHEIT

WIE DIE KIRCHE AN IHRER SPRACHE VERRECKT

Kösel

FSC®
www.fsc.org
MIX
Papier aus verantwortungsvollen Quellen
FSC® C083411

Verlagsgruppe Random House FSC® N001967

2. Auflage

Neumarkter Straße 28, 81673 München
Umschlag: Weiss Werkstatt München
Umschlagmotiv: © shutterstock/martan | BildNR. 76413337
Druck und Bindung: CPI books GmbH, Leck
Printed in Germany
ISBN 978-3-466-37155-6
www.koesel.de

Dieses Buch ist auch als E-Book erhältlich.

Inhalt

ZORN

Der Brief

»Die Kirche verreckt an ihrer Sprache.«

Liebe Theologinnen und Theologen,

ich halte es nicht aus, wenn ihr sprecht. Es ist so oft so furchtbar. Verschrobene, gefühlsduselige Wortbilder reiht ihr aneinander und wundert euch, warum das niemand hören will. Ständig diese in den Achtzigern hängen gebliebenen Fragen nach dem Sein und dem Sinn, nach dem, wer ich bin und werden könnte, wenn ich denn zuließe, dass ich werde, was ich schon längst war. Wie bitte?! – Wer soll denn das verstehen?

Wir leben in der Zeit des Samplings, der zerfetzten Identitäten, der Multiperspektivität und nicht zuletzt in der Zeit der subtilen Ironie. In unserer Welt zählt Meinung und Pointiertheit. Hier ist kein Platz dafür, sich ständig dialektisch selbst zu relativieren. Hier ist kein Platz für erdrückende Ganzheitlichkeit. Allein schon das Wort Ganzheitlichkeit – drei zusätzliche Silben, um das bereits ganze Wort »ganz« noch gänzer zu machen. Mal ehrlich, »ganz« kann man nicht steigern, und seit mindestens fünfzehn Jahren will der Mainstream unserer Gesellschaft diesen Versuch aus gutem Grund nicht mehr unternehmen.

Die Ganzheitlichkeit starb zusammen mit diesen Pullovern, die ihr noch heute tragt. Ja, es gibt eine Renaissance des Strickens, aber eure Strickwaren würden auf jedem Secondhandmarkt bis zum Ende nicht verkauft.

Wo lernt man das eigentlich? – Wo muss man hingehen, um zu lernen, sich selbst von der Gesellschaft zu entfremden? Wo bekommt man beigebracht, die Betonung im Satz an genau der falschen Stelle zu setzen? Gibt es Rhetorikkurse für Zombie-Sprache für Predigten in Kirchen? Ich meine das ganz ernst: Wenn man mit euch ein Bier trinkt, dann klingt ihr ganz normal. Sobald ihr für eure Kirche sprecht, klingt's plötzlich scheiße.

Es wäre doch so einfach: Macht's wie der Chef. Jesus hat sich doch auch Mühe gegeben, möglichst verständlich zu sein. Nicht immer mit Erfolg, aber immerhin hat er versucht etwas mit Bildern und Begriffen zu erklären, mit denen seine Zuhörerinnen und Zuhörer etwas anfangen konnten. Seine Zuhörer wussten, wer ein Samariter ist, sie wussten, wie ein Senfbaum aussieht und sie wussten, wie die Nummer mit dem Sauerteig funktioniert. Sauerteig? – Ich gehe genau wie fast alle anderen zum Bäcker. Ihr mögt das beklagen, aber es ist Realität. Ich habe keine Ahnung, was man mit einem Sauerteig anstellen muss. Wozu auch? – Es gibt sechs Bäcker rund um meine Wohnung.

Darf ich Euch einen Vorschlag machen? Sprecht doch einfach über Gott, wie ihr bei einem Bier sprecht. Dann ist das vielleicht noch nicht modern, aber immerhin mal wieder menschlich, nah und nicht zuletzt verständlich.

Kaum hatte ich den Text ins Netz gestellt, gab es unmittelbar tausende Leserreaktionen auf meinem Blog sowie unzählige Anfragen von Leitmedien aus allen Bereichen: Print, Hörfunk und Fernsehen. Die kirchlichen Medien waren genauso elektrifiziert.

Es sind diese kurzen Momente, in denen man als Autor spürt, dass pointierte Meinung in unserer Zeit das Potenzial hat, Reichweite zu erzielen. Aber was ist schon Reichweite, wenn sie sich aus Empörung schöpft?

Entschieden dieses Buch zu schreiben, habe ich mich nicht wegen der Reichweite, sondern weil mir so viele Menschen ihre persönlichen Geschichten mit ihrer Kirche schrieben und erzählten: Geschichten voller Zorn und Verzweiflung, Geschichten von der eigenen Überforderung und Angst, Geschichten vom Glauben und von ihrem Erleben der Kirche. Geschichten, die – wie ich finde – erzählt werden müssen, genau wie meine eigene Geschichte mit meiner Kirche. Geschichten, aus denen wir vielleicht lernen können, damit in Zukunft das Christentum nicht mehr im Sprechen seine Chance auf Verkündigung verspielt.

Die gute Predigt

Ich glaube noch daran, dass eine Predigt wirken kann. Wie sehr wünsche ich mir Theologinnen und Theologen, die mit ihren Worten Mauern zum Einsturz bringen. Ich will sie hören, die Predigten, die christliche Substanz, rhetorische Brillanz und Relevanz vereinigen. Ich suche sie, die Predigten von heute, die Wirkmacht entfalten.

Es gibt sie, die Sätze, die eine Welt bewegen. Sie wurden auch schon in Kirchen gesprochen. Martin Luther war ein solcher Prediger, der Massen hinter sich versammelte. Er sprach aus, was in so vielen Menschen innerlich brodelte. Er befreite Millionen und sich selbst als er im Angesicht des drohenden Todesurteils sagte: »Hier steh ich nun und kann nicht anders.«

Es gibt sie aber auch noch heute, die Sätze, die sich einbrennen in die Köpfe, Sätze, die bleiben. Der sonst wenig bedeutende Bundespräsident Christian Wulff sagte einen solchen Satz: »Der Islam gehört zu Deutschland.« John F. Kennedys »Ich bin ein Berliner« genauso wie Willy Brandts Forderung – »Lasst uns mehr Demokratie wagen« – bewegten die Welt.

Diese Texte sind zwar selten, aber sie entstehen immer wieder neu. Nur leider hört man sie seit Jahrzehnten nicht mehr aus Deutschlands kirchlichen Kreisen. Es gibt ihn nicht mehr, den großen Formelsatz, der alles sagt. Es gibt keinen Philipp Melanchthon mehr, der sagt: »Wer Christus hat, hat alles und kann alles.« Und nicht zuletzt fehlt Jesus, der zu sagen wusste: »Die Ersten werden die Letzten sein.«

Ich will sie wieder hören, eure großen Predigten. Ich will wieder mehr hören als die Zitate der Vergangenheit. Ich will in der Tagesschau den Bischof sehen, der nicht vor sich hin eiert, sondern mit einer Zeile jeden Bildschirm sprengt.

Dass es gehen kann, zeigt uns der neue Papst. Nach Jahren der eisig kalten »Benedikt-Sprachwüsten« begeistert endlich wieder einer, weil er sich traut verständlich zu sprechen. Manchmal schreckt man zurück vor dem, was er zu sagen hat: Seilschaften in der Kurie könnten deren »Mitglieder versklaven und zu einem Krebsgeschwür werden, das die Harmonie des Körpers bedroht«. Egal, wie man diesen Text findet, er kommt an. Er durchdringt den Nebel der Relevanzlosigkeit und wird zum leuchtenden Beispiel der Meinungsstärke und Verständlichkeit.

In Deutschland und Österreich dringen Bischöfe nur noch selten durch. Meist nur, wenn sie versehentlich ihre Opposition gegenüber den Rechten einzelner Minderheiten in Verständlichkeit übersetzen. Was dann gehört wird, ist im seltensten Falle das Bischofswort selbst, sondern meist der wesentlich pointiertere Aufschrei der Getroffenen. Auf mich wirken diese Verlautbarungen selten wie fundierte Position, sondern haben meist den Charme eines um sich schlagenden Jungen.

Kann es das gewesen sein? Ist das das Ende des christlichen Predigens? – Ein paar Worte gegen den Zeitgeist, um eine Welt zu verteidigen, die es längst nicht mehr gibt. Wo ist der Blick nach vorne? Wohin ist die kraftvolle Option für die Armen verschwunden? Wo die markigen Worte gegenüber Politik und Welt, die nicht nur um mehr Engagement und Einsicht bitten, sondern verdammt nochmal dazu auffordern, Hunger und Elend endlich ein Ende zu bereiten.

Stattdessen bedient man sich Zitaten. Immerfort sucht man in der Vergangenheit nach relevanten Zeilen und hofft mit diesen heute noch einen Treffer zu landen. Doch spätestens seit der Entstehung des Internets und dem Aufkommen schlechter PowerPoint-Präsentationen, die alle zusammenhanglos mit einem Zitat beginnen, sind alle Texte, die irgendwann mal in der Vergangenheit gesagt wurden, zu Tode ausgelutscht. Es bleibt nur noch die Flucht nach vorne: Ein eigener Gedanke muss her.

Ich glaube noch an die Predigt. Ich glaube noch an die Predigt, die es wagt nicht referenziell, sondern eigenständig zu sein. Ich glaube noch an die Predigt, die etwas Neues formuliert statt immer Gleiches nachzubeten. Ich glaube noch, dass es Priester, Pfarrerinnen und Pfarrer gibt, die mit viel Mühe und Leidenschaft Predigten vortragen können, die unsere Welt verändern. Ich wünschte, sie würden lauter sprechen. Ich hoffe noch darauf.

Zum Weglaufen

Mir schrieben Menschen, dass sie vor einer Weile aufgehört haben, sonntags in den Gottesdienst zu gehen, weil sie die Sprache, die dort gesprochen wird, nicht mehr aushalten. Ich kann das gut verstehen. Was soll ich schon von Predigten halten, in denen Belanglosigkeiten aneinander gereiht werden.

»*Jesus lädt Dich ein – ja auch Dich. Er lädt Dich ein zum gemeinsamen Mahl. Zu dem Mahl, wie er es mit seinen Jüngern geteilt hat. Das Teilen von Brot und Wein in der Gemeinschaft. Eine Gemeinschaft, die sich gegenseitig bestärkt und aufeinander vertrauen kann. Eine Gemeinschaft, in der nicht nur Nahrung geteilt wird, sondern auch Glaube. Denn der Mensch lebt nicht vom Brot allein.*«

Sätze, in denen viel zu oft die Verben fehlen. Um dieser sinnbefreiten Aneinanderreihung von Banalitäten noch irgendeinen inneren Zusammenhang zu geben, wird in jedem Satz ein Wort des voraus gegangenen Satzes aufgegriffen, damit der Text nicht komplett in Fragmente zerfällt.

Man kann das mit gutem Gewissen schlechten Stil nennen. Er entsteht aus Überforderung.

Wie soll ich denn so von Gott sprechen, dass es gleichzeitig würdig und nahbar ist? Wie soll ich denn so von Gott sprechen, dass es meine eigene Beziehung mit Gott zum Ausdruck bringt und gleichzeitig das Gegenüber zum Entdecken Gottes anregt? Wie finde ich den schmalen Grat zwischen Belehren und Erfahrbarmachen, und warum klingen diese drei Fragen schon wieder so, als hätte ein Theologe sie geschrieben?

In meinem Posteingang landet eine E-Mail. Ein mir unbekannter Mitarbeiter einer großen deutschen Diözese schreibt mir:

»Traurig, aber wahr. So ist es. Und ja: Was wir in der Kirche zu sagen haben, wird (so oft) nicht verstanden. Und dann versuchen wir es noch deutlicher auszudrücken und dann wird es noch diffuser und wirrer, und manchmal ist es wie beim Leben des Brian und seinem verwirrten Straßenprediger, der über die Verwirrung der Verwirrung ...«

Ich kenne die Szene mit dem Straßenprediger gut. »Das Leben des Brian« zählt zu meinen Lieblingsfilmen. In dieser Szene stehen mehrere Prediger nebeneinander auf Podesten und versuchen das Volk von ihrem Glauben zu überzeugen. Einer schreit, zetert und droht mit Verdammnis, und ein alter wirrer Mann predigt eben über die Verwirrung und verwirrt dabei sich und das Publikum.

Genau diese Szene kam mir auch in den Sinn, als ich gegen das Predigen in unseren Kirchen lospolterte. Sie ist so treffend und entlarvend. Seltsam, dass sie auch diesem kirchlichen Mitarbeiter sofort vor Augen war.

Die Erklärung, die er anbietet, ist interessant: Man wird nicht verstanden und versucht es dann noch deutlicher auszudrücken und wird dadurch immer unverständlicher. Die Erklärung ist so interessant, weil Glaube noch nie ganz verstanden werden wollte.

Der Brief erinnert mich auch an Dostojewskis »Großinquisitor«. Eine kurze Geschichte, die ich schon viele Male gelesen habe. In diesem kleinen Werk erzählt ein Mönch einem anderen, wie einst Jesus Christus in Spanien zu Zeiten der Inquisition wiedergeboren wurde. Er tritt vor das Volk und alle erkennen ihn. Er erweckt ein Kind von den Toten und alle beten ihn an. Schließlich hat der Großinquisitor seinen Auftritt und lässt Jesus verhaften.

Der alte Kirchenrichter besucht seinen Messias in der Gefängniszelle. Er gesteht ihm zu, dass er Jesus ist und beginnt einen langen Monolog. Er erzählt Jesus, dass dieser die Menschen überfordert habe mit der Freiheit, glauben zu können, aber nicht zu müssen. Er hätte in der Wüste das Brot annehmen sollen, als er vom Satan verführt wurde. Dann wäre der Hunger in der ganzen Welt sofort vertrieben gewesen und niemand hätte mehr an Gottes Allmacht gezweifelt. Jesus hätte in der Wüste vom Satan die Weltherrschaft annehmen sollen – dann hätte niemand mehr an der Allmacht Gottes gezweifelt. Jesus aber lehnt all diese Verführungen ab. Er lässt die Freiheit, nicht glauben zu müssen bestehen.

Damit bleibt die Ungewissheit in der Welt. So sehr man über Gott spricht, so sehr man einfordert, ihm zu folgen, es bleibt möglich, nicht zu glauben.

Deshalb wurde die Kirche notwendig, befindet der Großinquisitor. Er berichtet, dass die Kirche den Menschen die Sicherheit gegeben habe, die Jesus stets zu geben verweigerte. Man habe Regeln festgelegt und Formen gefunden, habe den Menschen gesagt, sie müssten glauben und die Art, wie man Gott anbetet, organisiert. Die Überforderung durch Freiheit hat die Kirche erfolgreich eingedämmt, um den Menschen zu helfen.

Ich lese Dostojewskis Geschichte nach dieser Mail nochmal. Im Grunde ist es genau die gleiche Geschichte wie in dieser Mail. Kirche hält es nicht aus, dass die Menschen am Ende einer Veranstaltung unüberzeugt, zweifelnd, nicht glaubend bleiben. Man versucht mit immer mehr Nachdruck das Verständnis des Gegenübers zu erzwingen. Der muss doch glauben! – Und so scheitert die Verkündigung.

Eine Vorstellung

Ich denke, es ist an der Zeit, mich Ihnen vorzustellen. Ich bin wohl alles, was Sie ablehnen: Ein Werbefuzzi, Großmaul und nicht zuletzt ein Besserwisser. Zu meiner Verteidigung habe ich nicht mehr hervorzubringen, als dass ich immerhin nicht Lehrer geworden bin.

Ich komme aus der Kirche und bin ihr heute denkbar fern. Ich war in meiner Jugend beinahe jeden Sonntag im Gottesdienst. Erst Ministrant, dann Oberministrant. Als Jugendverbandler aktiv in der Katholischen Jungen Gemeinde KjG – mit Funktionen im Dekanat, in der Diözese und auf Bundesebene.

Nach dem Abitur zog ich los, um Theologie zu studieren – absolvierte erfolgreich einige Semester und entschloss mich dann, einer anderen Leidenschaft zu folgen: Sprache und Politik.

Aus mir wurde, was schlimmer ist, als ein Politiker: Ein Politikberater. Ich bin der Einflüsterer, der viele Geschichten hinter öffentlichen Auftritten schreibt. Ich bin einer dieser Menschen, die in unserer Demokratie an der Inszenierung arbeiten. Wir erfinden Glanz und Gloria, um zu blenden.

Gerade einmal 29 Jahre bin ich alt – kurz vor den 30, die mir zu alt erscheinen und den meisten anderen zu jung. Ich bringe nicht viel Lebenserfahrung mit. Habe wahrscheinlich die großen Sinnkrisen noch nicht durchlebt. Was könnte ich Ihnen schon sagen?

Ich bin ein junger Mann nach der Pubertät und vor der Midlife-Crisis. Genau das Alter, in dem man keine Zeit hat für Sinnkrisen und damit auch nur wenig Bezug zur Kirche hat. Ich habe keine Kinder – darum bin ich keine Zielgruppe der Kirche mehr. Zu alt für die Jugendarbeit und noch nicht bereit für die Familienangebote. Ich bin das verlorene Schaf, nach dem man längst die Suche aufgegeben hat.

Sie müssen mir nicht glauben und Sie dürfen sich ärgern über das, was ich schreibe. Mein Blick ist ein ganz und gar subjektiver. Er mag sich mit Ihrer Erfahrung mit der Kirche brechen. Er mag ihnen ungehörig oder unfair erscheinen oder manchen Gedanken, den Sie schon lange hegen, bestätigen. Lassen Sie sich nicht davon beeindrucken. Ich beziehe mit diesem Buch keine Position innerhalb der Kirche. Weder eine liberale noch eine konservative. Ich will nicht für bestimmte liturgische Formen werben und nicht gegen andere opponieren. Falls Sie die Hoffnung hegen, Sie würden in diesem Buch Bestätigung für etwas in Kirche und gegen etwas in Kirche finden, dann muss ich sie enttäuschen. Dieses Buch stellt alles und nichts infrage.

Natürlich ist mein Blick gefärbt. Er ist sogar verstellt und vieles, was in der Kirche existiert und überzeugt, bleibt mir verborgen. Mir ist wohl bewusst, dass ich all den Kräften Unrecht tue, die vor Ort in den Gemeinden im Kleinen großartige Arbeit leisten, denn ich blicke auf die Oberfläche und bohre nur an bestimmten Stellen tief. Dabei entdecke ich manches Geheimnis, aber das meiste bleibt mir dauerhaft verborgen.

Ich bin kirchenfern – so fern wie man nur sein kann, denn Kirche hat Menschen, die so leben wie ich, schon lange aufgegeben. Wir sind zu schnell, zu gehetzt, zu zielorientiert. Wir leben in der Mitte der Großstädte, ganz selbstbestimmt und weitestgehend entkoppelt von der alten Tradition. Wir sind diejenigen, von denen es in der Kirche immer heißt, sie könne man sowieso nicht erreichen.

Ich bin, wie schon erwähnt, ein Werbefuzzi, Großmaul und

nicht zuletzt ein Besserwisser. Mein Job ist es, immer eine Antwort parat zu haben, egal wozu man mich befragt. Nur eine Sache kann ich Ihnen beim besten Willen nicht beantworten: Warum ich mich mit Gott und seiner Kirche beschäftige, obwohl sie Menschen wie mich längst aufgegeben hat.

Wenn keiner kommt

Da muss ich schlucken: Gerade eben habe ich ein Rhetorikseminar für Landtagsabgeordnete mit einer kurzen Runde begonnen. Jeder und jede sollte sagen, warum er oder sie hier ist und was die Teilnehmenden gerne lernen möchten. Jeder und jede hat irgendetwas, bei dem er/sie sich verbessern will. Nur einer schert aus und sagt etwas völlig anderes: »*Ich würde gerne wissen, warum wir das machen sollen. Ich meine, wir stehen da und halten Reden, und keiner hört zu. Es gibt keine Fernsehübertragung, es gibt keinen auf der Zuschauertribüne, und die anderen Fraktionen kannst du mit Worten in der Sitzung auch nicht überzeugen.*«

Als er das sagt, nicken die anderen heftig und pflichten ihm bei. Auch sie wollen zuerst die Frage klären, warum sie eigentlich besser reden sollen, es hört ja sowieso keiner zu.

In den Kirchen sieht es nicht anders aus. Jeden Sonntag ein paar wenige. Von Jahr zu Jahr werden es weniger. Sie sterben schlicht aus den Kirchenbänken heraus. Besonders dramatisch sind die Werktagsgottesdienste. Da kann man manches Mal an einer Hand abzählen, wie viele noch gekommen sind.

Für die paar wenigen lohnt der Aufwand nicht, eine gute Predigt zu schreiben. Viel zu viele andere, wichtigere Aufgaben würden liegen blieben. Schließlich verwalten Pfarrerinnen und Pfarrer deutlich mehr, als sie verkündigen. Man ist zugleich Dienstvorgesetzter, Bauherr, Verwaltungschef und Seelsorger. Wie jeder Chef muss man auch an der Spitze einer Gemeinde Prioritäten setzen und Aufgaben im Aufwand reduzieren, deren

Zeit-Nutzen-Relation nicht stimmt. Da liegt es nahe, die Predigt möglichst schnell zusammenzustückeln oder einfach eine Vorlage zu verwenden. Es hören ja doch immer nur die gleichen Omas zu, und die kommen immer wieder, egal wie schlecht die Predigt war. Sie kommen aus Gewohnheit und aus Pflichtgefühl. Sie kommen, weil es Teil ihres Glaubens ist, dass man kommen muss. Sie kommen, weil es ihnen etwas bedeutet. Sie kommen, weil es ihnen gut tut. Sie kommen, egal was passiert.

Journalisten? Öffentlichkeit? – Damit kann niemand rechnen, der in einer Kirche spricht. Es ist einsam auf der Kanzel. Man redet in einer leeren Halle, die für viel zu viele Menschen gebaut wurde. Man redet im Grunde zu sich selbst. Nur selten ist die Kirche voll. An Weihnachten und – wenn es gut – läuft noch an Ostern. Auf jeden Fall zur Taufe, Trauung, Kommunion, Firmung oder Konfirmation, aber da beschäftigen sich die Gottesdienstbesucher mehr mit der Party danach, als mit dem Gottesdienst davor. Zu diesen seltenen Anlässen will man als Prediger zeigen, was man kann. Aber weil über das Jahr hinweg so wenig Können gefordert war, wirken diese Predigten oft bemüht, übertrieben, zu hoch gegriffen, zu kompliziert oder zu unterkomplex. Fast nie trifft man den richtigen Ton, fast nie reißt man das Publikum mit. Mehr als ein müdes Lächeln kommt nicht heraus.

Im Weihnachtsgottesdienst ist das besonders schade. Da kommen Menschen in die Kirche, die zu Hause ein Fest in einer Form feiern, das dem Anlass in jedweder Art und Weise entgegensteht. Gott wird in Armut geboren, und in den deutschen Wohnzimmern wird der Kommerz zelebriert. Gott kommt auf die Welt und feiert mit Fremden. In der deutschen Weihnacht bleiben die Menschen lieber im engsten Familienkreis unter sich. Die Bedürftigen werden nicht eingeladen, sondern bleiben außen vor. Bloß keine Irritation und möglichst viel Tradition und Routine, anstatt chaotischer Geburtstagsfete in einem Stall mit ungebetenen Gästen von der Weide und aus fernen Ländern. Ach, es ist doch absurd.

Jedem Theologen und jeder Theologin ist dieser Widerspruch bewusst. Aber was soll man jetzt zum Weihnachtsfest schon sagen? Den Leuten die Stimmung zu versauen, führt nicht dazu, dass sie wieder kommen. Den Leuten nach dem Mund reden, steht der Botschaft entgegen, führt auch nicht dazu, dass sie an einem normalen Sonntag wieder kommen, aber immerhin sind sie nicht sauer. Politisch werden und für Flüchtlinge predigen wäre in den Köpfen der Menschen sonst ja ganz okay und in der Kirche angebracht, aber doch nicht an Weihnachten – aber sonst ist eben keiner da, der es hören könnte. Fast meint man, sie rufen zu hören: »Wir haben bezahlt, also spiel' gefälligst, was uns gefällt!«

Das Dilemma kann man kaum produktiv auflösen. Was dann herauskommt, ist wie so oft ein unglücklicher Kompromiss: »Weihnachten ist das Fest der Familie«. Oh je, echt? Weihnachten ist alles, aber nicht das Fest der Familie. Maria und Josef bekommen ihr Jesus-Baby nicht im Kreis der Großeltern, Onkel und Tanten. Sie sind nicht zu Hause, nicht mal in der Nähe. Niemand hat sich vorbereitet, man freut sich nicht mal, dass sie da sind. Das Einzige, was ihnen zur Verfügung gestellt wird, ist ein schäbiger Stall. Da drin kommt dann zwischen irgendwelchen Tieren ein Kind zur Welt. Absurderweise ist das Baby Gott. Auf seinen Fersen sind schon Verfolger, die ihn töten wollen.

»An Weihnachten kommen wir zusammen. Wir begegnen uns im Fest der Familie. Von nah und fern kommen wir zusammen, um die Ankunft des Christuskindes zu feiern. Wie damals die Hirten versammeln wir uns an der Krippe, um Christus, das Licht der Welt zu begrüßen.«

Was für eine Scheiße! Fast meint man, man höre den Prediger zu sich selbst sagen: »Sie haben Kirchensteuer bezahlt, also spiel' gefälligst, was ihnen gefällt!«

Der Hipster

Nicht mehr lang bis zur Weihnachtspredigt. Ich stehe in einer Berliner Kneipe am Tresen. Das Bier fließt in rauen Mengen. Ein Geburtstag wird gefeiert. Es ist Dezember, draußen ist es wie immer in Berlin schweinekalt. In der Kneipe sind nur Hipster: Liedermacher, Kunststudenten, Modedesigner, Mädchenschwärme, aber keine Christen.

Wir trinken, plaudern, tanzen und überlegen, wie diese Nacht, die längst ein Morgen ist, noch weitergehen kann. Komplett betrunken fragt mich ein Freund, ob ich Weihnachten auch in die Kirche gehen würde. Ich frage »auch?«.

Er erzählt mir, dass er seit drei Jahren Weihnachten immer in die Kirche gehen würde, weil er es so absurd fände, dass es eine Veranstaltung gibt, bei der gleichzeitig Millionen Menschen eine wertebasierte Botschaft hören. Ich bin beeindruckt vom Argumentationsniveau nach so viel Bier. »Wann gibt es das sonst, einen Moment, in dem so viele reiche Spießer etwas über Armut erzählt bekommen und sich danach noch drüber unterhalten?« Dann lacht er auf, bestellt einen Schnaps und fragt, ob ich noch mit in den nächsten Club komme. Es wird ein langer Morgen.

Am nächsten Tag schreibe ich einen Text. Er trägt den Titel »Resthoffnung auf eine Weihnachtspredigt« und veröffentliche ihn:

Es ist noch etwas mehr als eine Woche Zeit bis Weihnachten. Viele Pfarrerinnen und Pfarrer arbeiten noch an ihren Weihnachtspredigten. Ich habe die Hoffnung noch nicht aufgegeben, dass es eine echte werden könnte.

Ich kenne zwei Arten von Weihnachtspredigten. Die eine ist schlimmer als die andere. Die schlimmere von beiden ist die Predigt, in der Weihnachten fortlaufend zum Fest der Familie verklärt wird, bei dem man sich im engsten Kreis vom Rest der Welt abkapselt und sich nur untereinander beschenkt. Normalerweise enden diese Predigten mit einem warmen Appell, man möge doch die Armen nicht vergessen.

Etwas besser, aber auch nicht gut, sind Predigten, in denen immerhin theologisch Stimmiges gepredigt wird. Predigten in denen Jesus Christus als Flüchtling identifiziert wird und seine Eltern als nicht willkommen in einer bürgerlichen Welt. Die bürgerliche Welt, in der Herzen und Türen verschlossen sind. Es sind Predigten, die Christus als Außenseiter präsentieren und dann am Ende wieder nur dazu aufrufen, man möge doch mal drüber nachdenken, ob man nicht selbst die Tür verschlossen hält.

Beide Predigten haben etwas gemeinsam. Sie sind selbst Teil der Bürgerlichkeit, die sie mal sanfter mal härter angreifen. Sie sind so weit weg von Jesus Christus, weil sie nicht bedingungslos die Türe öffnen, sondern oftmals nur einen Spalt breit.

Ich bin dankbar dafür, was Kirchen alles leisten, um anderen zu helfen. Ich kenne manches Pastoralteam in einer Gemeinde, das gerade alle Kraft aufbietet und alles Mögliche in Bewegung setzt, um Flüchtlingen zu helfen. Alles Mögliche ist mir aber nicht genug. Ich möchte, dass meine Kirche das Unmögliche wagt.

Ich suche die Weihnachtspredigt, in der der Pfarrer oder die Pfarrerin offensiv ankündigt, dass man das Gemeindezentrum zur Notunterkunft umbaut, bis die Flüchtlingskrise überstanden ist. Dass alle Seniorennachmittage und private Geburtstagsfeiern sich in den nächsten Jahren einen anderen Ort suchen müssen, weil dieser Ort für Menschen in Not gebraucht wird. Ich warte noch auf die Predigt, in der das Kirchenvolk aufgefordert wird sich von den Plätzen zu erheben, um gemeinsam die Kirche zu verlassen. Ich möchte, dass sie rausgehen und Geschenke direkt zu den Kindern in den Massenunterkünften bringen, anstatt ein aus Pappe gefaltetes Spendenhäuschen an die Krippe zu tragen. Ich warte noch auf die Predigt, die nicht von den Hirten und Weisen aus dem Morgenland erzählt, sondern die Menschen anleitet, diese konkret jetzt hier und heute zu werden.

Ich erinnere ein altes Kirchenlied. Es beinhaltet die Zeile: »Geht zu den Ställen heute Nacht. Wagt neue unbekannte Schritte«, und ich wünschte eine ganze Weihnachtsgesellschaft würde gehen heute Nacht statt »Oh, du Fröhliche« zu singen.

Ich beobachtete, wer diesen Text weiter verbreitete. Ein paar Theologen waren darunter, die sich stark für die Eine-Welt-Arbeit engagieren. Auch ein paar wenige Hipster, die so sind wie die Menschen in der Bar in Berlin, teilten den Text. Er traf ihren Geschmack in seiner Mischung aus Vorwurf und Empörung, mit dem links kritischen Appell und seinem Angriff auf die Bürgerlichkeit.

Kurz später ertönt ein kleines Pling. Ich habe eine Facebook-Nachricht erhalten. Ein Priester schreibt mir: »Ich bin gespannt auf einen Bericht über deine Flüchtlingsprojekte, in denen du das Unmögliche gewagt hast«.

Auch mein Text ist Teil der Bürgerlichkeit.

Scheitern mit Kritik

Ich erwarte viel von meiner Kirche. Ja, es ist auch meine Kirche, denn ich bin noch immer Mitglied. Selbstverständlich ist das nicht. Ich kenne weit mehr Menschen, die aus der Kirche ausgetreten sind, als Menschen, die ihr treu bleiben. Es fällt auch schwer, wenn man beinahe jeden Tag in den Medien einen Angriff auf das eigene Leben liest. Nicht weil mein Leben schlecht wäre, sondern schlicht, weil ich nicht lebe wie vor hundert Jahren.

Dennoch, ich erwarte viel von meiner Kirche. Von wem sollte ich es sonst erwarten? Welche andere große Organisation in der Welt hat es sich selbst zur Aufgabe gemacht, Not und Leid zu mildern. Wer sonst hat die Macht, das Elend aufzuhalten.

Fast jeder von uns hat irgendeine andere Aufgabe als Bedürftigen zu helfen. Wir haben dafür zu sorgen, dass die Unternehmen, für die wir arbeiten, Gewinne machen, wir müssen verwalten oder IT-Probleme lösen. Wir alle haben gut gefüllte Tage mit Dingen, die nur wenig Beitrag zu einer besseren Welt leisten.

Von unserem Steuergeld finanzieren wir ein paar wenige Entwicklungshelferinnen und Entwicklungshelfer und den einen oder anderen angeblich ausschließlich Brunnen bauenden Soldaten.

Es gibt nicht viele staatliche Institutionen gegen das Elend in der Welt. Aber es gibt eine weltumspannende Kirche, die sich dafür verantwortlich macht. Sie beschäftigt Tausende von Menschen, die sich mit ihrer gesamten Arbeitskraft der Frage widmen, wie man anderen etwas Gutes tun kann. Wer so viel Kraft entfaltet, wer so viel von sich gibt, den kann man auch nur schwer kritisieren.

Der Pfarrer, der mich fragte, wann ich das Unmögliche gewagt habe, tut das jeden Tag. Er sorgt dafür, dass seine Kirchengemeinde mit ganz viel Engagement nicht nur ein paar kleine Feigenblatt-Projekte macht, sondern alle Kraft dafür aufwendet, Flüchtlingen zu helfen.

Kritik an der Kirche ist so schwer, weil es immer jemanden gibt, der es nicht nur gut meint, sondern auch gut macht. Und wenn gut nicht genug ist, dann gibt es in dieser gigantisch großen Institution nicht nur jemanden, der es gut macht, sondern viele, die es sehr gut machen und manchen oder manche, der oder die vielleicht sogar Perfektes tut.

Ich schreibe dennoch dieses Buch – all den guten Taten und all dem Gelingenden in der Kirche zum Trotz. Ich schreibe dennoch dieses Buch, obwohl ich immer wieder an den Punkt kommen werde, an dem man mir berechtigt widersprechen kann und widersprechen muss. Ich werde immer wieder Menschen zu Wort kommen lassen, die genau diesen Widerspruch formulieren. Ich schreibe dennoch dieses Buch – nicht um diejenigen, die Wunderbares leisten, zu demotivieren, sondern um einen Beitrag dazu zu leisten, dass die gute Arbeit von Kirchen bessere Wirkung in der Kommunikation entfalten kann.

Schlechter Stil

In Antwerpen steht eine altehrwürdige Kathedrale. Sie ist wunderschön. Als ich sie besuche, ist dort eine ganz besondere Ausstellung zu sehen. Die Gemälde der alten Meister, die diese Kathedrale jahrhundertelang schmückten, sind dorthin zurückgekehrt. Rubens Kreuzabnahme hängt neben anderen großen Kunstwerken.

Ich kann die Kreuzabnahme stundenlang betrachten. Die Kraft, mit der Rubens das biblische Geschehen in das Bild malt, ist erschütternd. In jedem Gesichtsausdruck kann man sich verlieren. Der geschundene Leib Christi zeigt die ganze Dramatik der gewaltsamen Kreuzigung. Es ist eine existenzielle Auseinandersetzung mit dem christlichen Glauben, die dort in Form eines Ölgemäldes hängt.

In einer Ecke der Kathedrale vor dem kitschigen Marienaltar aus einer anderen Zeit ist ein kleiner Zaun. Er soll den Altar vor den Besucherinnen und Besuchern schützen. An diesem Zaun hat die heutige Kirchengemeinde ein großes Kartonpapier angebracht. Einige bunte Zettel sind darauf geklebt. Sie sind mit einer Krakelschrift beschrieben und leicht gewellt, sodass sie abstehen. Ich ahne, hier war eine Kinderkirche am Werk. Wie es sich für das Christentum unserer Tage gehört, wurde dieses stillos zusammengestückelte Ding dann in die Kirche getragen und dort befestigt. Das Mittelmaß hält Einzug in die Hallen, die einst Größe füllte.

Ich habe gar nichts gegen Kindergottesdienste. Dennoch, in der Antwerpener Kathedrale wird mir der Kontrast zwischen dem Anspruch der Vergangenheit und dem Anspruch von heute bewusst. Wer ein Kirchenlied von Bach hört und es mit neuem geistigem Liedgut vergleicht, der kann doch nicht anders, als beschämt zu Boden zu blicken.

Einst zwang die Übermacht der Kirche in der Gesellschaft die großen Künstler, sich mit ihren Stoffen zu befassen und diese zu verarbeiten. Das Mittelmaß in der Kirche von heute zwingt eher dazu, sich als Künstler von Kirche zu distanzieren.

Es sind diese kleinen Symbole und Gesten, die als Zugeständnisse an das Selbstausdrucksbedürfnis von Gruppen in der Kirchengemeinde gedacht sind, die zu Zeichen eines Niedergangs von Kirchen werden. Während in längst vergangenen Tagen einzelne Personen und Zünfte ihrem Gestaltungswillen durch die Beauftragung großer Meister mit Auftragsmalerei Ausdruck verliehen, werden heute die selbst beschriebenen Zettel in die Kirchen getragen. Die Möglichkeit eine Opfergabe an den Altar zu bringen, ist damit niedrigschwelliger geworden, aber gleichzeitig sind die Resultate oftmals liebevoll, oftmals eben schnell gemachte Hässlichkeit.

Mich erinnert das an etwas, das ich als Jugendlicher in einer Kirche miterlebte. In einem Familiengottesdienst wurde eine selbst gemalte Sonne von einem Kind an einem Stab durch den Raum getragen. An die Botschaft, die daraus entstehen sollte, erinnere ich mich nicht mehr. Nur das Bild des blonden Kindes, das diese Sonne trägt, ist mir noch vor Augen. Ich weiß, dass das kleine Mädchen von damals heute redlich Theologie studiert, und bin mir sicher, dass auch sie wohl heute keine Antwort darauf wüsste, was nun ausgerechnet eine Sonne an einem Stab in einem katholischen Altarraum zu suchen hat.

Natürlich trägt sie als Kind damals keine Verantwortung für das, was sie aufführte. Woher auch soll sie wissen, dass das Christentum sich eben gerade wegwendet von der Anbetung der Sonne, wie sie jahrtausendelang gelebte Praxis war.

Was soll nur von derartigem Spiel im Gottesdienst übrig bleiben? Wenn schon die Symbole nicht zur Botschaft passen und das Gesagte ebenso wenig. Wenn die Form selbst gebastelte Dinge sind und diejenigen, die sie vortragen, kleine Kinder, die nicht wissen, was sie sagen. Wie will eine Kirche Relevanz in unserer Welt entfalten, wenn sie sich darin einrichtet, sich kaum mehr von einem Kindergeburtstag zu unterscheiden, auf dem man mal die Tiere des Waldes spielt und ein andermal Sonnen bastelt. Muss es nicht einen Unterschied machen, ob ich in der Kirche oder in der Kita bin?

»Du machst es Dir zu einfach«, sagt ein befreundeter Religionspädagoge, als ich ihm diese Passage vorlese. »Was wäre denn die Alternative? Die ganzen Alten in der Kirche haben früher nur den Katechismus auswendig lernen müssen und Formelgebete gepaukt. Die konnten schöne, hoch ästhetische Sätze sagen, ohne sie zu verstehen. Die Kinderkirche versucht eben, den Glauben und den komplizierten Text verstehbar zu machen. Und wenn es heißt ›ich bin das Licht der Welt‹, dann setzt man sich mit den Kindern hin und schaut sich an, was Licht ist. Man beschäftigt sich mit der Sonne, die Licht und Wärme spendet. Man überlegt mit den Kindern, was wäre, wenn es keine Sonne, also kein Licht gäbe.«

Den Rest kann ich mir schon selbst erschließen. Ich stelle mir eine Pastoralreferentin vor, die kleine Kinder fragt, was wäre, wenn es keine Sonne gäbe und die Kinder sagen Dinge wie »es wäre immer dunkel und im Dunkeln habe ich Angst« oder »wir würden nie ins Freibad gehen«. Eine schöne Methode, um deutlich zu machen, was jemand sagen will, der von sich behauptet, das Licht der Welt zu sein. Ohne ihn ist Angst, ist Lebensfeindlichkeit, herrscht Kälte vor.

Der Freund, der mir den Satz »Du machst es Dir zu einfach« sagt, trifft mich an dieser Stelle hart, denn er stellt mir die Frage, auf die ich auch nicht so leicht eine Antwort geben kann: »Was wäre denn die Alternative?«

Er hat mich erwischt. Nicht nur die Kirche pflegt in ihrer Ästhetik und in ihrem Ausdruck einen schlechten Stil, sondern auch viele Kritiker. Da wird einfach das eine oder andere Bild genommen, auseinandergenommen und dann darunter eine Summe über das gesamte Christentum gebildet. Ein Vorwurf, der sich aus den vielen kleinen Unzulänglichkeiten schöpft, ohne anzuerkennen, welchen Zwangen das Sprechen von Gott oft unterworfen ist.

Wie soll man das pädagogische Anliegen, dass Kinder den Inhalt verstehen sollen, und die ästhetische Traumvorstellung vom wahrhaft großen Gottesdienst zusammen bringen? Sitzen nicht auch hunderttausende Eltern und Großeltern in Stadthallen und schauen sich talentfrei aufgeführte Theaterstücke ihrer Kinder an, bei denen die Kleinen etwas auf der Bühne stammeln? Sie würden wahrscheinlich auch nicht so weit gehen, dieses Stück ihrer Kinder als große Kunst zu bezeichnen, sondern sie verstehen sehr wohl, dass es sich um Lernen handelt. Darum applaudieren sie auch so heftig am Ende, weil sie in ihrem eigenen Kind erkennen, dass es ein kleines bisschen mehr von der Welt verstanden hat.

Es gibt aber auch einen guten Grund, warum meist nur die Eltern zu diesen Veranstaltungen kommen. Denn sie erkennen in ihrem Kind etwas, wohingegen jemand, der die Kinder nicht kennt, von solch einem Abend wohl nicht viel mehr als Langeweile zu erwarten hat.

»Muss es nicht einen Unterschied machen, ob ich in der Kirche oder Kita bin?«, hatte ich geschrieben. Der Chef-Designer meiner Werbeagentur hatte mir nach einem ersten Lesen des Kapitels geantwortet, dass er diesen Satz als den besten im ganzen Text empfindet. Der gleiche Satz löste in meinem Freund, dem Religionspädagogen, berechtigen Widerstand aus. Die beiden schauen mit sehr unterschiedlichen Perspektiven auf das gleiche Geschehen. Der Ästhet auf der einen Seite, der unter schlechter Inszenierung leidet, der Religionspädagoge auf der anderen Seite, der die Funktion von Zwischenschritten für das Lernen betrachtet. Wie kann man beide zu einem Übereinkommen bringen?

Hier sitze ich nun und weiß selbst die Antwort nicht.

ANGST

Hilflos

Niemand möchte hilflos sein. Es ist viel schöner eine Antwort zur Hand zu haben, als nur eine Frage. Es ist aber denkbar schlecht, wenn jemand mit einer großen Frage zu mir kommt, weil er oder sie genau von mir die Antwort haben möchte und ich sie beim besten Willen nicht zu geben weiß. Besonders hart trifft dieses Antwortversagen in den Momenten, da das Gegenüber die Antwort nicht nur haben will, sondern braucht.

Eine Freundin aus einer evangelikalen Gemeinde lenkt meinen Blick auf diese Fragen, als ich mit ihr über das seltsame Sprechen von Christen rede. Sie nennt diese Sprache »geprägte Sprache« – also die bereits in der Tradition verankerte Sprache von Luthers Bibel. Sprache, die man gewohnt ist und Floskeln, die bekannt sind, weil sie Halt geben in unsicheren Zeiten. Dieser Halt ist aber kein diffuser Halt, sondern ein sehr konkreter. »In geprägter Sprache kannst du immer eine Antwort gegen. Du bist nie hilflos. ›Der Herr wird alle deine Wunden heilen‹ kannst Du immer sagen. Sonst könntest Du nur Scheiße sagen«.

Wie Recht sie hat. Wenn man nur genügend Floskeln benutzt, findet man auf jedes Leid, auf jedes Elend eine Antwort. Sie hilft zwar dem Gegenüber nicht weiter, aber immerhin stand man nicht sprachlos da.

Diese Funktion erklärt viel davon, warum Menschen diese Sprache pflegen. Sie bietet wirklich Halt in unsicheren Zeiten – und es ist völlig egal, worauf sich die Unsicherheit gründet.

Irgendeine Phrase wird es schon geben, die man sagen kann. Genügend Text ist ja überliefert.

»Scheiße!« wäre eine ehrliche Antwort. Eine echte, eine theologisch gute Antwort. Denn als Mensch muss man nicht alles in der Welt verstehen. Als Mensch darf man auch vor dem Elend stehen und fassungslos gen Himmel schauen und fragen: »Warum tust Du mir das an?« Selbst Jesus stellt diese Frage: »Mein Gott, mein Gott, warum hast Du mich verlassen?« – Kein Jünger antwortet ihm: »Der Herr heilt alle Deine Wunden« oder »Gott ist immer da«. Er muss es schlicht aushalten, mit seiner Frage alleine da zu stehen, ohne eine Antwort zu bekommen und ohne sie selbst geben zu können.

Warum fürchten wir uns so sehr davor, sprachlos zu sein? Warum halten so wenige es aus, sich nicht in eine Formel zu flüchten, die das existenzielle Elend übertüncht und versucht mit ein bisschen nettem Dekor zu verzieren? Gute Seelsorger halten in solchen Momenten einfach nur die Hand des Gegenübers. Sie teilen Trauer und Schmerz, wohlwissend, dass sie ihn nicht nehmen können. Gute Seelsorger ertragen es, zu schweigen.

Flucht nach Jericho

Das Schweigen ist eine althergebrachte Disziplin im Gottesdienst. Man könnte, wenn man böse sein will, auch »das Husten« sagen. Noch nie habe ich so viele Menschen husten hören, wie immer genau dann, wenn im Gottesdienst geschwiegen wird. Wahrscheinlich hört man sonst das Hustengeräusch ob des ganzen Gesprächslärms nicht. Oder aber der Husten drängt in diesen Momenten besonders stark nach außen, um die Stille zu durchbrechen. Stille ist schwierig, viel leichter scheint es, wenn man sie mit sanften Tönen oder mit Musik abmildert. Doch das beraubt die Stille ihres innersten Selbst.

Es ist eine schöne Kirche. Sie ist viele hundert Jahre alt. Die Kirchenbänke erzählen von Generationen betender Menschen. Jesus schaut gequält von einem alten Holzkreuz herab und nimmt den Kirchenraum ganz für sich ein. Vorne steht eine Pastoralreferentin. Sie trägt seltsame Gewänder. Zu viele Farben sind in diesem Outfit kombiniert. Sie nennt es »authentisch«, ich nenne es oh je.

Sie hat soeben eine kleine Schale mit warmem Wasser gefüllt und sagt laut das Wort »Wasser« in den alten Kirchenraum. Aus einem kleinen CD-Player tönt Nora Jones' Musik. Beständig habe ich Angst, die CD könnte hängen bleiben. Sie ist bestimmt schon über zehn Jahre alt und nach vielen Jahren Firmunterricht verkratzt. Ich frage mich, wie viele der heutigen Firmlinge selbst schon mal Musik von einer CD abgespielt haben. Wahrscheinlich nur noch wenige. Heute hat man Lieder schlicht auf dem iPod oder Smartphone.

Bedeutungsschwanger zieht die Frau ein Knäuel vertrocknetes Zeug hervor, zeigt es den Anwesenden und sagt das Wort »Tod«. Eine andere Person am Ende des Raumes hat die Anweisung erhalten, in diesem Moment eine Klangschale anzuschlagen. Der lang gezogene Ton wummert durch den Raum.

Schließlich legt sie die vertrocknete Pflanze in das Wasser und sagt ganz ruhig und überbetont leise: »Aus Wasser und Tod kann Leben werden. Wir werden es miteinander erleben und erfahren. Ich möchte euch jetzt einladen, mit mir Abendessen zu gehen und später mit mir gemeinsam zurückzukehren, um das Wunder des Lebens zu sehen.«

Aua, das tut weh. Die Gruppe steht auf und trottet zum Abendessen in den Speisesaal des Bildungshauses. Ich bleibe sitzen und verdrehe die Augen angesichts des aufgeführten Theaterstücks.

Bei dem vertrockneten Knäuel handelt es sich um eine Rose von Jericho. Eine Wüstenpflanze, die man in jedem Esoterikladen kaufen kann. Diese Pflanzen können lange ganz ohne Wasser auskommen. Legt man sie in eine Schale Wasser, so kann man innerhalb von rund zwei Stunden sehen, wie die Wüstenpflanze grün erblüht. Gewiefte Expertinnen und Experten für gestaltete Mitten wissen aber, dass man das Verfahren mit warmem Wasser auch beschleunigen kann, sodass der Effekt schon nach rund 40 Minuten eintritt – genügend Zeit für ein Abendessen.

Mir ist der Appetit vergangen. Ich frage mich, was das hier wohl soll. Ich ahne fast, dass am Ende dieses Schauspiels noch eine Jesus-Schleife kommen wird. Irgendetwas in der Art von »auch Jesus ist durch den Tod gegangen, um dann zu neuem Leben in der Auferstehung zu kommen«. Wahrscheinlich waren seine Jünger dazwischen auch was essen, um die Zeit zu überbrücken.

Ich muss zugeben, dass die Methode mit der Wüstenpflanze ganz wunderbar funktioniert. Gruppen, die sie noch nicht kennen, sind meist wirklich begeistert davon, dass aus dem vertrockneten Haufen eine grüne Pflanze werden kann. Das Dramatische ist nur, dass diese Methode das christliche Osterfest aushöhlt.

Will ich das Osterereignis methodisch inszenieren, um es leichter verständlich zu machen, dann muss ich auch versuchen, es in seiner ganzen Struktur abzubilden.

Am Anfang stehen Begeisterung und Jubel, gefolgt vom gemeinsamen Mahl mit den Vertrauten. Der nächste Schritt ist die Einsamkeit Jesu, dann die Folter und der Tod. Die Verzweiflung der Jünger nach dem Tode Jesu gehört genauso dazu wie die Trauer um die Zerstörung aller Hoffnung. Schließlich, nach all dieser Verzweiflung, kommt das absurde, das befremdliche, das unverstehbare Moment der Auferstehung.

Der Ablauf des Osterfestes lässt unendlich viel Spielraum für gute Theologie und für sinnvolle Interpretation. Im Osterereignis als ganzem kann man theologisch auf alle Fragen von Leid und Verzweiflung, von Hoffnung, Liebe, Vertrauen und Gemeinschaft Antworten finden. Das Entscheidende dabei ist, nicht selektiv Momente des Osterereignisses zu isolieren und andere, die zwischen den gewählten Punkten liegen, fallen zu lassen. Genau das passierte aber hier bei der schlecht gemachten Methode mit der »ollen« Rose.

Der Startpunkt des Impulses ist das Wasser, das nun im Osterfest eher weniger eine Rolle spielt. Mit viel Fantasie könnte man noch unterstellen, jenes Wasser repräsentiere das gemeinsame Mahl und steht damit für physische Nahrung und Gemeinschaft, die Bedingung des guten Lebens sind. Das Gebet entfällt, das Urteil und Leiden auch, und es folgt der Tod durch das Zeigen der scheinbar toten Pflanze. Die Trauer, die Verzweiflung, die Einsamkeit im Tod wird durch ein Abendessen ersetzt, um später wieder zusammenzukommen und sich zu freuen, dass aus der angeblich toten Pflanze doch noch was geworden ist. Das ganze Schauspiel zeugt vom Versuch der Effekthascherei, aber eben nicht von christlich-theologischer Substanz.

Der Impuls mit der Rose von Jericho zählt noch zu den besseren Inszenierungen, weil immerhin ein Rest christlicher Osterereignisse zu erkennen ist, auch wenn das Ganze unangenehm unvollständig bleibt. Im Normalfall sind diese angeblich christlichen Impulse noch viel schlimmer. Mir passiert das wieder und wieder. Ich werde von gestandenen Theologinnen und Theologen, von Priestern und Pfarrerinnen und Pfarrern in der katholischen und der evangelischen Kirche aufgefordert, Kraftsteine aneinander zu schlagen, Kraftplätze zu erspüren, barfuß Spuren im Sand zu hinterlassen, Licht zu teilen, Zettelchen zu beschreiben oder einer Klangschale zu lauschen. Wir sollen mit unseren Händen Wasser berühren oder jemand anderem den Rücken massieren, aus Wolle ein Netz spannen oder ein laminiertes Bild von irgendetwas auswählen. Damit man es nicht Esoterik nennen muss, wird irgendwie – und sei es mit Gewalt – eine Bibelstelle passend zur Methode umgebogen.

Warum ist die Lust der Theologinnen und Theologen so groß, ins Emotionale abzuschweifen? Ich gehe dieser Frage eine Weile nach. Ich frage Menschen, die solche Methoden gerne anwenden und sich damit wohl fühlen. Die Antworten folgen einem immer gleichen Muster.

Man folgt bei solchen emotionalen Methoden dem Plan, im anderen etwas zu bewirken. Man möchte den Horizont erweitern und eine Erfahrung zur Verfügung stellen. Wohl dosierte, emotional stark aufgeladene Worte und die Klangschale im richtigen Moment bringen Menschen dazu, starke Reaktionen zu zeigen. Oft fließen Tränen, und man kann jemanden in den Arm nehmen und trösten für eine Trauer, die diese Person erst durch mich erspürt hat, aber das in dem Moment nicht reflektieren kann.

Es ist faszinierend, diese Macht über andere Menschen zu haben. Man zwingt ihnen das Gefühl auf, das man auslösen möchte und durchbricht deren Selbstschutzinstitutionen.

Man nennt dies Performativität – durch eine Handlung oder durch Sprechen werden nicht nur Informationen übertragen, sondern es ändert sich real etwas. Wenn man beispielsweise als Standesbeamter zwei Menschen traut und ihnen das Eheversprechen abnimmt, dann ist nicht nur eine Information übermittelt worden, sondern es ändert sich auch gleich die ganze Rechtsform dieser Personen. Das formal ausgesprochene »ja« im Trauakt ist ein performatives. Es erschafft eine neue Realität. Wir Menschen sind fasziniert von Performativität. Bei keinen anderen Handlungen erleben wir uns selbst als mächtiger, als in den Momenten, in denen unser Sprechen performativ wird.

Wenn ein Regierungschef einem anderen Land einen Krieg erklärt, dann hat er nicht nur einen Satz gesagt, sondern er hat in diesem Moment eine Weltordnung verändert und das Schicksal von Millionen Menschen bestimmt. Eine Form der Kommunikation, die bei weitem über schlichte Aneinanderreihungen von Worten hinausgeht.

Noch vor wenigen Jahrhunderten glaubte die überwiegende Masse der Menschen in unserem Land, dass die Kirche performativ das Himmelreich verschließen kann. Wer von der Kirche gebannt wurde, der verlor das ewige Leben. Damit hatte die Kirche eine gewaltige Macht in Händen und ihre Vertreter waren angesichts dieser Macht hoch geschätzt. Die Kirche glaubt noch immer, diese Macht in Händen zu halten, nur leider glaubt ein Großteil der Bevölkerung ihr nicht mehr. Sie hat ihre Macht verloren, weil ihr niemand glaubt, sie könnte ihre Drohungen in Konsequenz überführen. Es ist wie bei Eltern, die ihre Autorität verspielt haben. Sie können noch so viel rufen, fordern, mahnen, belehren oder drohen, ihre Kinder werden einfach nicht mehr folgen. Doch ohne Performativität ist alles theologische Tun recht langweilig.

Die emotionale Methodik bietet hier einen Ausweg. Hält man einen Impuls, an dessen Ende zwanzig Menschen weinend vor einem sitzen, dann spürt man endlich wieder auch als Theologe oder Theologin Macht.

Dabei wird die in den performativen Übervorteilungen innewohnende Machtperspektive nur selten von denjenigen eingenommen, die sie anwenden. Sie nutzen Worte wie »jemanden emotional berühren«, »etwas erlebbar machen«, »jemanden aufwühlen« oder »jemandem einen Perspektivwechsel ermöglichen«.

Ich stelle die Frage: Geht es wirklich um das Erleben des anderen, oder um das Sich-selbst-als-mächtig-Erleben? – Ein schmaler Grat.

Mit dem Bedeutungsverlust der Kirche in den Köpfen der Menschen geht eine Zunahme esoterisch-emotionaler Methodik einher. Der Verlust formaler Macht der Institution Kirche wird mit dem Versuch kompensiert, Betroffenheit auszulösen.

So muss es uns nicht wundern, dass diese Methodik besonders in denjenigen kirchlichen Kreisen auftaucht, in denen die Zielgruppe beim besten Willen nicht glaubt, dass die Kirche sie aus dem Paradies ausschließen kann.

Der katholische Konservativismus braucht diese Methodik nicht. Wo die Menschen noch streng gläubig sind, kann Allmachtsfantasie noch in der altbekannten Form ausgelebt werden. Da werden noch Sünden vergeben, Ehen unbrechbar geschlossen und der Zutritt zum Himmelreich verwehrt und in die Hölle verbannt. Derjenige, der es ausspricht, erlebt sich im Moment des Sprechens als mächtig und das Umfeld bestätigt dieses Gefühl durch Glauben.

In den Teilen der Kirche, in denen akzeptiert wird, dass Ehen auch wieder auseinandergehen, in denen man nicht mehr zur Beichte geht, und man nicht glaubt, die Kirche könnte das ewige Leben bannen, fehlt der Zugriff auf das Gefühl der Macht über andere.

Es ist der alte Traum der Menschheit, dass es reicht, nur ein Wort zu sagen, um Flammen werfen, Tote erwecken, Zauber vollbringen zu können. Genau dasselbe Gefühl, die Welt bewegen zu können, erleben wir im performativen Sprechen. Unsere Worte werfen zwar keine Flammen, aber sie lösen Tränen aus, versetzen in Freude oder Trauer. Angesichts dieses gewaltsamen Eindringens in die emotionale Konstitution von Menschen, täte ein wenig mehr Reflexion über die esoterische Methode unseren Theologinnen und Theologen gut.

Das Spiel mit den Anspielen, gestalteten Mitten und performativen Handlungen hat noch ein zweite Dimension: Je stärker ich mich Symbolen bediene, desto weniger bin ich gezwungen, mich selbst zu positionieren. Wenn ich etwas bebildere, so überlasse ich den Adressierten die Entscheidung über die genaue Interpretation und mache mich im besten Sinne innerkirchlich unangreifbar.

Es ist eine Mischung aus Angst und Machtgefühl, die emotionale Übervorteilungshandlungen so attraktiv machen. Man kann kaum angeklagt werden für die Symbole, die man wählt. Bedrohlich kritisierbar ist nur ausgesprochene Position. Welcher Bischof würde wohl wegen ein paar Kraftsteinen zum klärenden Gespräch einladen? – Wegen ein paar markigen Worten kann das durchaus passieren.

Zu viel Angst

Die Leute, die zu esoterischen Methoden greifen, haben alle eine gute Ausbildung genossen. Jahre des wissenschaftlichen Studiums liegen hinter ihnen. Der Grund, warum sie ihr Wissen nicht dazu einsetzen, um starke und fundierte Meinung zu platzieren, sondern oft in Gefühlsduselei verfallen, hat auch seinen Ursprung an den theologischen Fakultäten.

Es sollte nur ein schlechter Scherz sein, damals im fünften Semester meines Theologiestudiums. In der Cafeteria des Theologicums der Uni Tübingen saßen wir um einen runden Tisch aus Holz. Wie jeden Nachmittag plauderten wir stundenlang, um nicht zurück in die Bibliothek zu müssen. Lauter Theologen unter sich bei schlechtem Filterkaffee. Wir trafen uns hier jeden Tag, waren Freunde, wussten fast alles voneinander, und so sagte ich im Plauderton über einen Kommilitonen: »Bei dem müsst ihr aufpassen, der arbeitet für die Missio«. Er lachte, weil er neben mir saß und es ebenso spaßig fand wie ich. Dann wurde es einsam um ihn.

Wochenlang distanzierten sich zunehmend mehr Theologiestudierende von ihm. Die Gespräche erstarben, wenn er in eine Runde kam. Privates wollte ihm niemand mehr erzählen. Es dauerte eine Weile, bis er den Grund begriff: Angst.

Die »missio canonica« ist die katholische Lehrerlaubnis. Um sie zu erhalten, muss man versichern, dass man im Einklang mit der katholischen Lehre sein Leben führt. Kein Sex vor der Ehe, keine homosexuellen Sexualkontakte, kein Widerspruch gegen das katholische Lehramt und in der Ehe nur natürliche Verhütung. Natürlich halten sich unter den Theologiestudierenden nur wenige an alle diese Regeln. Jeder weiß, wer mit wem eine Beziehung führt, dass alle Kondome und die Pille nutzen, dass viele in der Runde schwul und die meisten glücklich vergeben sind. Diejenigen, die niemanden haben, wünschen sich jemanden zu finden. Allein sein ist für sie kein hehres Ziel. Enthaltsam leben nur ganz wenige: die Komischen, die ohne Freunde, diejenigen, die schon mit 19 Jahren einen Schnauzbart haben.

Die »missio canonica« zu erhalten, erfordert also das Befolgen eines alten katholischen Grundsatzes: Wenn man es nicht groß rum erzählt, ist alles kein Problem. Solange man nicht zur Presse rennt oder Fakten durch eine Scheidung, das Schließen einer eingetragenen Lebenspartnerschaft oder durch ein außereheliches Kind schafft, hat man im Grunde kein Problem.

Dennoch, mein Scherz hatte die tiefsten Ängste der Kaffeerunde geweckt. Existenzielle Ängste, man könnte vor dem Aus stehen, weil die Kirche einen verstößt. Das Problem dabei ist weniger der Ausschluss aus der Glaubensgemeinschaft, als die schlichte wirtschaftliche Bedrohung, als Theologe nicht mehr für die einzige Institution arbeiten zu können, die Theologen brauchen kann.

Das Absurde ist, dass es die »missio« im Sinne einer Behörde, für die man arbeiten könnte, gar nicht gibt. Dennoch, jeder Person in dieser Cafeteria schien es plausibel, dass selbstverständlich mancher Kommilitone sein Geld mit Spitzeldiensten verdient. So erzählte sich wie ein Lauffeuer herum, wer als Spitzel enttarnt worden war, und so stellten alle den Kontakt ein oder reduzierten diesen auf ein Minimum. Schließlich erfuhren dieser arme Mensch und ich davon, und ich rehabilitierte ihn, indem ich den Scherz als Scherz enttarnte.

Jahre später besuche ich einen alten Freund aus dem Theologiestudium. Er ist verheiratet, hat ein Kind und die »missio canonica«. Auch er hat damals miterlebt, wie unser Freundeskreis durch einen kleinen Scherz in eine tiefe Irritation taumelte und sich zum Glück davon erholte. Ich erzähle ihm, dass ich dieses Buch schreiben will und frage, warum denn so viele Theologen im Sprechen so seltsam klingen. Seine Antwort finde ich erst einleuchtend, dann mehr und mehr bedrückend:

»Es soll etwas mit Wichtigkeit aufgeladen werden, wohinter man selbst nicht steht.«

Trauriger kann theologisches Sprechen nicht sein. Der eigene Glaube, das, was man für richtig hält und wie man lebt, steht so oft der Lehrmeinung entgegen, dass man diese kaum mehr glaubhaft zu vertreten versteht. Man ist im Grunde gezwungen gegen sich selbst zu predigen und Positionen zu vertreten, die man selbst nicht lebt. Heraus kommt verschwurbelte Unverständlichkeit, weil man das, woran man glaubt, nicht sagen darf und das, was man gegen sich sagt, möglichst nicht verstanden wissen will. In einer Welt, in der die Menschen sich klare und pointierte Meinung wünschen, sind Theologinnen und Theologen gezwungen, sich selbst und ihre eigenen Aussagen ständig zu relativieren.

Mir scheint es beinahe eine ständige Selbstverletzung. Ein inneres Ankämpfen gegen die eigene Identität ganz ohne Hoffnung darauf, diesen Widerspruch auflösen zu können, ohne Job und Existenz zu verlieren.

Es muss uns nicht wundern, dass konservative Theologen oft die besseren Predigten halten. Bei ihnen stehen Kirchenamt, persönlicher Glaube und das, was sie sagen, nicht im Widerspruch zueinander. Diese Art der inneren Konstitution bringt kraftvolle Predigten gegen den Zeitgeist hervor. Geradezu donnernd ist ihr Ton, spürbar die darin liegende Emotion. Verbessern kann man diese Predigten durch noch bessere Rhetorik. Verbessern kann man diese Predigten, indem man das eigene Sprechen und Betonen trainiert.

Das einzige Problem, das diese Predigten haben, ist, dass sie nur eine sehr kleine Zielgruppe haben. Die aufgeklärten Bürgerinnen und Bürger unseres Landes wollen sich nicht mehr die Thesen des 19. Jahrhunderts referieren lassen. Sie verweigern den Gehorsam gegenüber einer Lehre, die jedweden Bezug zur gesellschaftlichen Realität verloren hat. Diese Predigten sind der Weg hin zu einer kleinen Kirche, die sich rhetorisch einmauert und zur restlichen Gesellschaft Grenzen zieht.

Der Text der liberalen Theologen hat das Potenzial, größere Reichweiten zu erzielen, kann aber nicht so vorgetragen werden, dass man diese Predigten hören möchte. In welche Richtung soll ich donnernd sprechen, heißt ihre Frage. Soll ich mich selbst anklagen, indem ich amtskirchliche Positionen vertrete, oder soll ich meinen Arbeitgeber anklagen, indem ich meiner Überzeugung folge? Weil aber diese Entscheidung oft unbeantwortet bleibt und bleiben muss, ist das Resultat das denkbar unambitionierteste Sprechen oder, noch schlimmer, das lange Reden um den heißen Brei.

Um den heißen Brei

Mal wieder eine Runde, in die man mich gebeten hat, um zu provozieren. Ich soll die junge, frische Stimme sein, die von außen auf die Kirche blickt und Fragen aufwirft, mit denen man sich dann beschäftigen kann. Denk- und Sprachverbote gibt es für mich keine.

Es ist schön, wenn ich in kirchliche Gremien, Gruppen oder Versammlungen zu Zukunftsthemen der Kirche eingeladen werde. Ich kann ein bisschen provozieren, und alle anderen können sich dann in den aufgeworfenen kritischen Anfragen suhlen, um am Ende doch nichts zu verändern. Da ist Kirche nicht anders als jedes andere große System. Man möchte immer wieder den kritischen Blick, um am Ende doch weiterzumachen wie bisher.

Was mir bei kirchlichen Gruppen stets in besonderer Weise auffällt, ist das ständige Herumreden um den heißen Brei. Ständig wird etwas nur angedeutet oder in eine seltsame Geschichte verpackt, umschrieben oder nicht ausgesprochen. Es gibt viel mehr Tabus als in anderen Runden.

Ein solches Verhalten zeigen Menschen in Gruppen immer dann, wenn man über ein besonders schweres Thema miteinander ins Gespräch kommen soll. Niemand möchte sich gleich als Erster zu weit hinauswagen. Zuerst muss man herausfinden, wie sich die anderen positionieren und wer eine mögliche Gegenmeinung vertritt, bevor man sich mit starker Meinung klar zu erkennen gibt. Das ist in der Familientherapiesitzung nicht anders als bei der Frage im Trachtenverein, ob man dieses Jahr vielleicht statt der traditionellen Weihnachtsfeier etwas anderes machen möchte. Stets wird herumgeeiert, taktiert, austariert und nur vorsichtig angedeutet. Klar, niemand will sich bei besonders schweren Fragen die Finger verbrennen. Nur welches Thema ist in der Kirche eigentlich nicht schwierig?

Sexualität ist natürlich sehr schwierig, Beziehung übrigens auch, die Frage, wie man das Miteinander gestaltet, sowieso. Die Form des Gottesdienstes ist besonders schwierig, wie jeder weiß, der schon mal im Liturgieausschuss eines Kirchengemeinderates saß. Selbstverständlich auch die Frage des Blumenschmucks in der Kirche. Was es am Gemeindefest zu essen gibt, ist sowieso schon immer klar und darf nicht geändert werden, und niemand sollte jemals versuchen, mal eben die Frage zu erörtern, ob es in der Kirche wirklich immer so kalt sein muss.

Es mag ein wenig seltsam klingen, wenn ich diese Kleinigkeiten aufliste, aber mir ist fast kein Thema bekannt, das in einer kirchlichen Runde nicht problematisiert werden kann. Die Reaktion auf diesen Umstand ist eine natürliche – alle tasten sich nur vorsichtig voran. Daraus entsteht eine ganz eigene Form der Diplomatie, bei der jeder ständig mehr darauf bedacht ist, nicht das Falsche zu sagen. Damit bleibt vieles Richtige unausgesprochen.

Als Außenstehender hat man es da stets leicht. Man ist der erfrischend ehrliche Impuls, der die eine oder andere Sache ausspricht, die man gerne selbst gesagt hätte, aber nicht sagen konnte, weil unklar war, ob man es sagen durfte.

Eine Freiheit, die man übrigens komplett verliert, sobald man integraler Bestandteil der Gruppe wird. »Von außen darf man alles sagen, innen dann nicht mehr«, berichtet mir eine Frau, die von der Freiberuflichkeit in die kirchliche Anstellung wechselte.

Ich will wissen, wie man denn erfährt, dass man nicht mehr alles sagen darf. Bekommt man einen Brief, oder wird einem das am Anfang gesagt? – Es wird tatsächlich ziemlich direkt adressiert. Im Personalgespräch wird man schnell mal auf etwas, was man privat kommuniziert hat, angesprochen und ermahnt, so etwas nicht mehr zu sagen. Oder man bekommt den Hinweis, man solle dringend lernen, sich diplomatischer auszudrucken. Sprich, bloß keine Positionen vertreten und keine allzu deutliche Meinung artikulieren.

Man hat nur das zu sagen, was die Rolle vorsieht, nicht das, was man denkt.

Die starren Hierarchien in der Kirche tun ihr übriges. Der erste Adressat der eigenen Kommunikation ist immer ein innerkirchlicher. Ich muss zuvorderst immer innerhalb der Organisation mit dem, was ich tue, gefallen statt draußen beim Volk. Darum müssen auch alle Formen von Kampagnen, Maßnahmen oder Kommunikationswegen zuallererst in innerkirchliche Argumentation übersetzt werden. In dieser Disziplin gibt es große Könner, die genau wissen, welche Formeln, Sätze, Argumentationsmuster man aufrufen muss, um am Ende Unterstützung für die eigenen Pläne zu gewinnen. Wer sich ungeschickter anstellt, bekommt nur wenig oder gar nichts durchgesetzt.

Die Umformulierung jedweder Idee in kirchlich-diplomatische Sprache verfolgt zwei Ziele und bringt einige Nebeneffekte mit sich. Das erste innerkirchliche Ziel ist es, möglichst wenige Widerstände zu aktivieren. Man versucht möglichst alles aus dem Thema herauszuhalten, was dazu genutzt werden kann, die Initiative in die eine oder andere Ecke zu drängen. Man will eben weder mit einer liberalen noch mit einer konservativen Idee auf den Plan treten, weil man sofort mächtige politische Systeme gegen sich aktiviert. Sobald man in diesem Konflikt zwischen die innerkirchlichen Fronten gerät, hat man kaum mehr eine Chance, nicht zerrieben zu werden.

Das zweite Ziel ist es, das eigene Thema zu theologisieren. Sprich, wenn man einen kommunikativen Zweck verfolgt, dann versucht man diesen theologisch aufzuladen, auch wenn dieser für seine kommunikative Funktion überhaupt keine theologische Dimension erfordern würde. Auf diese Weise erschafft man einen Trichter der Zwangsläufigkeit, der beim Gegenüber erzwingt, dass dieses sich theologisch gegen die eigene Idee durchsetzen muss, statt fachliche Gründe dagegen anzubringen. Da die Letztentscheider allesamt gute Theologen sind, gewinnt eine abgesicherte theologische Argumentation fast immer.

Die Nebeneffekte dieser Strategie sind nicht selten problematisch. Deren erstes Bestreben – möglichst wenige Widerstände zu aktivieren – führt dazu, dass wenig Pointiertes gewagt wird. Ihr zweites Ziel – das eigene Thema zu theologisieren – hat zur Folge, dass man Konzepte nur noch schwer ändern kann, weil sie um eine sekundäre Begründungsdimension ergänzt wurden. Um dann noch eine fachlich sinnige und gleichzeitig immer noch theologisch korrekte Änderung des Ansatzes vorzunehmen, braucht man eine Menge an Energie und Fantasie.

Eine Änderung dieses Systems ist nicht in Sicht. Diejenigen, die neu in das System kommen, müssen denen, die bereits erfolgreich im System sind, gefallen. Das gelingt besonders dadurch, dass man sich diesen gegenüber ähnlich verhält. Man nutzt eine ähnliche Sprache, nutzt ähnliche Argumentationsmuster, weil wir stets schneller Menschen zugeneigt sind, die uns in Verhalten und Kommunikation ähnlich sind.

So entsteht ein sich selbst ständig reproduzierendes System, an dessen Spitze Menschen stehen, die viele Jahre innerkirchliche

Diplomatie gelernt haben und nur noch schwer aus ihrer eigenen Haut herauskönnen.

Das Resultat sind allerorten abgeschliffene Sätze, die keine klaren Thesen mehr erkennen lassen. Keine Ecken, keine Kanten, schlicht Einheitsbrei, der keinem weh tut.

Predigen

Warum stört mich Theologie so selten mit ihren Texten? – Im Grunde soll Theologie doch stören. Sie soll Fragen aufwerfen, die zum Denken anregen, die dazu zwingen, dass man über den eigenen Alltag hinaus die Fragen nach dem Sinn und der Ethik stellt. Von daher muss es das Ziel von Theologie sein, aufzufallen – auch negativ.

Mein Problem ist, dass Kirche mich nur unterbricht, aber nicht stört. Ich würde mir wünschen, sie würde mich stören oder gar verstören. Was bei mir ankommt, ist aber immer wieder ein Text, der mir zu klein, zu nett, zu brav ist und der mich aufhält statt aufzuwühlen.

Ein schönes Beispiel hierfür ist das »Wort zum Sonntag«. Der wohl zugegebenermaßen schwierigste Predigtort, den Kirche zur Verfügung hat. Wenn man es spricht, dann steht man allein in einem Fernsehstudio ohne Zuhörerinnen und Zuhörer. Man soll einen Gedanken formulieren, der für alle verständlich, theologisch fundiert und gleichzeitig doch anregend ist. Bevor man das erste Wort sprechen kann, wird alles, was man sagen wird schon von der belanglosesten Einspielmusik aller Fernsehsendungen diskreditiert. Gleichzeitig wird man am Samstagabend ausgestrahlt, zu einem Zeitpunkt, da die meisten Menschen gerade gemütlich vor dem Fernseher sitzen und im Moment der Zerstreuung eben kein gutes Buch über Sinnfragen lesen wollen, sondern sich Berieselung durch die Flimmerkiste wünschen.

Der Moment, die Einspielmusik und die Studiogestaltung sind ungünstig, das gesamte Format ist schwierig, aber es bietet einem Prediger oder einer Predigerin die seltene Chance, zu Millionen zu sprechen. Eine Chance, die man nicht ungenutzt verstreichen lassen sollte, um im Sinne guter Theologie nicht nur zu unterbrechen, sondern auch zu stören.

Für diese Störung ist mancher Samstagabend günstiger als andere. Besonders günstig sind die Abende, an denen in den Tagesthemen ein Bericht nach dem anderen von Krieg, Elend und Krisen erzählt. Die günstigen Momente sind die, in denen sich das Leid der Menschheit so sehr verdichtet, dass fast zwangsläufig die Frage aufgeworfen wird, wie man diesem Leid moralisch richtig entgegentritt.

Ein solcher Tag war der 9. August 2014. An diesem Samstag gab es Kriegsberichte aus der Ukraine, Massakerberichte aus dem nördlichen Irak und neue Spannungen zwischen Israel und Palästina. Es ist der Abend, an dem Pfarrer Alfred Buß vor die Kamera tritt, um sein Wort zum Sonntag zu sprechen:

Ein russischer Schriftsteller sah Kindern beim Spielen zu. »Was spielt ihr?«, fragte er. »Wir spielen Krieg«, sagten die Kinder. Darauf der Schriftsteller: »Spielt doch mal Frieden!« »Gute Idee«, meinten die Kinder. Dann Beratung, Tuscheln, Schweigen – schließlich trat ein Kind vor und fragte: »Großväterchen, wie spielt man Frieden?«

Wie spielt man Frieden? Vor genau 100 Jahren war Mobilmachung in Europa – Ausbruch des Ersten Weltkriegs. Junge Leute meldeten sich freiwillig – kriegsbegeistert, siegessicher. Sie hatten gelernt Krieg zu spielen, von Kindesbeinen an mit Helmen, Säbeln, Steckenpferden, Schingerassassa. »Gott mit uns stand«, auf ihren Koppeln, als sie in die Schlacht zogen. Als der Krieg endlich zu Ende ging, hatten 17 Millionen Menschen ihr Leben verloren und noch viel mehr waren tief verwundet an Leib und Seele für ihr ganzes Leben.

Jetzt – 100 Jahre danach – werden wieder Unzählige traumatisiert – in Israel und Gaza, in der Ukraine. An schrecklich vielen

Orten gibt's Krieg und Kriegsgeschrei und wieder klingt's »Gott mit uns!«. Gotteskrieger wüten im nördlichen Irak. Pervertieren Religion, maßen sich an selber Gott zu sein – Herren über Leben und Tod. Verjagen und ermorden brutal Schiiten, Christen und kurdische Jesiden, nur weil die anders sind als sie.

Gestern griff Obama ein. Will Verfolgte schützen und versorgen, Völkermord verhindern. Hoffentlich bleibt's dabei. Es gibt nicht den gerechten Krieg. Es gibt nur den gerechten Frieden. Bushs verheerender Irakkrieg machte erst die Gotteskrieger stark. Wer Frieden will, der muss den Frieden vorbereiten mit langem Atem.

Gestern feierte Augsburg sein Friedensfest. Nun schon seit mehr als 360 Jahren. Damals hatte der Dreißigjährige Krieg getobt in der Mitte Europas zwischen katholischen und protestantischen Ländern. Gotteskrieger auf beiden Seiten kämpften um politische und wirtschaftliche Macht. Ganze Landstriche wurden verwüstet und geplündert, bluteten aus bis zur Erschöpfung. Dann endlich der Westfälische Friede mit zwei grundlegenden Erkenntnissen. Die eine: Keine Religion darf herrschen. Es braucht Toleranz und Respekt. Die andere: Der Staat ist nicht für das Seelenheil der Menschen zuständig, aber für ihr Wohl. Er muss auch die Glaubens- und Gewissensfreiheit garantieren. In Augsburg durften die Protestanten wieder ihren Glauben leben – gleichberechtigt zwei Jahre nach dem westfälischen Friedensschluss. Seitdem feiern sie ihr Friedensfest immer am 8. August – wohlgemerkt Protestanten und Katholiken gemeinsam. Das Hohe Friedensfest ist sogar gesetzlicher Feiertag im Stadtkreis Augsburg – seit 1950 einzigartig in der Welt. Inzwischen feiern Menschen aller Völker und Religionen dort gemeinsam. Bringen Speisen und Getränke selber mit, nehmen an der Tafel Platz, teilen kulinarische Köstlichkeiten, feiern ein Friedensmahl.

»Wie spielt man Frieden?«, fragten die Kinder. Frieden ist Buntheit und Vielfalt. Wenn alle leben dürfen in ihrer Muttersprache, Kultur, Lebensart und Religion – gleichberechtigt. Frieden ist der Ernstfall überall auf der Welt. Darum müssen Kinder ihn spielen

lernen und Erwachsene alle Wege wirklich gehen, die zum Frieden führen. (Pfarrer Alfred Buß, Wort zum Sonntag, 9. August 2014)

Alfred Buß ist ein angenehmer Prediger. Er hat eine schöne Stimme und wagt sich an die schwierigen Themen heran. Das was er sagt, klingt nicht schwülstig-emotionsüberfrachtet, sondern echt und ehrlich. Er schweigt den Krieg nicht tot, sondern macht ihn zum Thema. Und dennoch bin ich nach seinem »Wort zum Sonntag« wieder einmal frustriert.

Ich habe sein »Wort zum Sonntag« nun schon unzählige Male angehört, auf der Suche nach der Begründung, warum es mir nicht treffend erscheint. Damals, rund um den 9. August 2014, diskutierte man in Berlin, ob Deutschland Waffen an die Peschmerga liefern soll, damit sie sich gegen den Islamischen Staat behaupten können. Diese Entscheidung ist schwierig. Eine deutsche Intervention im Nahen Osten erhöht hier bei uns das Anschlagsrisiko. Die Kontrolle der Weitergabe von Waffen im Krisenherd Nahost ist fast unmöglich und dennoch kann man diejenigen, die sich der brutalen islamistischen Miliz und dem wütenden Assad-Regime entgegenstellen, nicht alleinlassen.

Bleiben wir ganz bei Pfarrer Alfred Buß und stellen eine Rückfrage: Was sind denn in dieser Situation alle Wege, die zum Frieden führen, die Erwachsene gehen sollen? Das ist doch das eigentliche Dilemma, in dem wir uns befinden, dass man Frieden so schlecht spielen kann, wenn die anderen Krieg spielen wollen.

Mir reicht die Predigt von Alfred Buß nicht. Nicht, weil sie nicht schön genug war, sondern weil sie zu schön war. Dabei tut er mustergültig, was in Predigtseminaren unterrichtet wird. Man solle sich einen lebensweltlichen Einstieg überlegen – zum Beispiel mit einer kleinen Geschichte. Dann entwickelt man auf dieser Geschichte aufbauend einen Gedanken und bindet ihn mit einem Rückbezug zur anfänglichen Geschichte wieder ab.

Mein Problem mit diesem »Wort zum Sonntag« wie mit vielen Predigten ist, dass alles zu einfach ist. Die Predigten sind ins Gelingen verliebt und nicht ins Scheitern.

Ja, der Gedanke, man möge lernen, wie man Frieden spielt und nur den Weg zum Frieden geht, ist ein schöner. Aber was, wenn das Gegenüber eben bewusst den Krieg provoziert? Was, wenn die Entscheidung für das eigene friedliche Handeln bedeutet, dass andere dafür den Tod sterben? Was, wenn die eigene Entscheidung für eine militärische Intervention Frieden bringen kann?

Wenn Politik und Bevölkerung sich in solchen Fragen positionieren müssen, dann sollte auch Kirche in meinen Augen eine solche Positionierung vornehmen. Dabei kann Alfred Buß natürlich keine Position stellvertretend für seine Kirche beziehen, aber ich bin der festen Überzeugung, dass gerade ein so angenehmer Prediger wie er trotzdem einen klaren Punkt machen könnte.

Als ich darüber nachdenke, welchen Text ich mir gewünscht hätte, kommt mir mein ehemaliger Professor Ottmar Fuchs in den Sinn. Er schrieb vor Jahren einen interessanten Text über Gewalt in der Bibel. Eine faszinierende Analyse der unterschiedlichen Umgangsformen mit Gewalt in biblischen Texten. Sie reichen von der eigenen Gewaltausübung als Staat in Form von Krieg, über terroristische Akte wie der Ermordung eines gegnerischen Anführers, Duellsituationen bis hin zu Selbstopferungen im Martyrium. Die Unterschiedlichkeit der Antworten weist darauf hin, dass auch die biblische Antwort auf Krieg und Gewalt nicht ein eindeutiges »Frieden spielen« ist. Manchmal ist auch in der Bibel der Weg zum Frieden der Krieg.

Ich hätte mir gewünscht, Alfred Buß hätte genau dieses Dilemma verhandelt, statt eine einfache Antwort zu geben.

Ich hätte mir sehnlichst gewünscht, er hätte über Friedensgebete gesprochen:

Friedensgebete haben eine lange Tradition, und nicht wenige Menschen kommen angesichts des Mordens in der Ukraine und im Nahen Osten jetzt zusammen, um für den Frieden zu beten. Aber ist es nicht zu einfach, für den Frieden zu beten? Ist es nicht zu einfach, weil wir alle wissen, dass kein Gebet für den Frieden das Morden beendet? Ist es nicht zu einfach, weil das Gebet für den Frieden aus der sicheren Ferne eine herzlose und sinnfreie Tat ist, die niemanden von denen, die gerade im Kriegsgebiet stehen, rettet?

Wenn wir in den Nahen Osten blicken, dann wütet dort eine brutale Miliz. Sie mordet, vergewaltigt, versklavt und schlachtet ab. Da spielen keine Kinder den Krieg, sondern da zerfetzen Kugeln Kindern das Gesicht. Da schneiden Vermummte vor laufender Kamera Journalisten den Kopf ab. Da gehen Männer Reihen von Gefangenen entlang und ermorden einen nach dem anderen, und niemand hält sie auf.

Und bei uns?

Gestern feierte Augsburg sein Friedensfest. Nun schon seit mehr als 360 Jahren. Damals hatte der Dreißigjährige Krieg in der Mitte Europas zwischen katholischen und protestantischen Ländern getobt. Gotteskrieger auf beiden Seiten kämpften um politische und wirtschaftliche Macht. Ganze Landstriche wurden verwüstet und geplündert, bluteten aus bis zur Erschöpfung. Dann endlich der Westfälische Friede mit zwei grundlegenden Erkenntnissen. Die eine: Keine Religion darf herrschen. Es braucht Toleranz und Respekt. Die andere: Der Staat ist nicht für das Seelenheil der Menschen zuständig, aber für ihr Wohl. Er muss auch die Glaubens- und Gewissensfreiheit garantieren. In Augsburg durften die Protestanten wieder ihren Glauben leben – gleichberechtigt zwei Jahre nach dem westfälischen Friedensschluss. Seitdem feiern sie ihr Friedensfest immer am 8. August – wohlgemerkt Protestanten und Katholiken ge-

meinsam. Das Hohe Friedensfest ist sogar gesetzlicher Feiertag im Stadtkreis Augsburg – seit 1950 einzigartig in der Welt. Inzwischen feiern Menschen aller Völker und Religionen dort gemeinsam. Bringen Speisen und Getränke selber mit, nehmen an der Tafel Platz, teilen kulinarische Köstlichkeiten, feiern ein Friedensmahl.

Das Friedensfest in Augsburg zeigt, wie Frieden gelingt, aber es steht erst am Ende eines jahrzehntelangen Mordens in ganz Europa. Ein Aufatmen, dass das knietiefe Waten im Blut ein Ende hat. Dort wird bis heute gefeiert, dass am Ende des Dreißigjährigen Krieges die Leichenberge des endlosen Hassens und Mordens so hoch geworden waren, dass keine Seite mehr die Kraft hatte, den Krieg weiterzuführen. In Augsburg gewinnt nicht die Menschlichkeit, sondern es scheitert der Krieg nach dreißig Jahren.

Wollen wir in Syrien und im Irak auch auf dieses Fest warten? Wollen wir hoffen, dass wir eines Tages feiern können, dass auf den zertretenen Leichen von Millionen Menschen in Bagdad ein Frieden geschlossen wurde, weil für keinen der Krieg noch zu gewinnen war?

Es wäre zu leicht, würden wir heute den Peschmerga sagen, »feiert doch ein Fest des Friedens mit euren Feinden«, wenn diese nicht bereit sind für ein solches Fest das Feuer einzustellen. Und wir stehen vor dem Dilemma, zu entscheiden, ob wir diejenigen mit Waffen beliefern, die sich dem Islamischen Staat entgegenstellen oder ob wir sie im Kampf alleinlassen.

Ich bin ehrlich, ich weiß die Antwort nicht. Was ist richtig? – Waffen liefern, damit jemand die Fähigkeit erlangt, einen anderen zu töten, um sich selbst zu schützen oder nicht liefern und damit die Schutzbedürftigen schutzlos zurücklassen?

Wer in der Nachfolge Christi steht, der folgt keinem Sieger, sondern einem Verlierer. Wer Christus folgt, folgt dem Geschundenen, dem Gefolterten und dem Ermordeten. Wer Christus folgt, der greift nicht zur Waffe, sondern lässt sich ermorden. Die Menschen, die die-

sem Anspruch gerecht geworden sind, nennen wir Heilige. Sie sind Menschen, die ihren Glauben in unglaublicher Weise unter Beweis gestellt haben. Eine Selbstaufopferung, die wir bewundern sollten.

Aber können wir allen Ernstes von anderen verlangen, sich ebenfalls ohne Gegenwehr den Verfolgern auszuliefern? Können wir verlangen, dass sich ein Volk in die Sklaverei führen lässt in der Hoffnung, Gott möge sie nach Jahrhunderten erlösen? Dürfen wir den freiwilligen Tod einfordern, ohne uns ebenso wehrlos an ihre Seite zu stellen?

Jesus bittet, nicht einzuschlafen und nicht wegzusehen, als er verhaftet wird. Er bittet, ihn nicht zu verleugnen im Angesicht der Gefahr. Er bittet, in seiner Nachfolge selbst zu sterben. Er bittet, den gleichen brutalen Tod nach Folter zu ertragen. Jesus bittet seine Nachfolger, Unrecht zu ertragen.

Ich kann das nicht. Ich habe diese Größe nicht. Ich bin zu schwach, mich selbst in Gefahr zu begeben. Ich habe nicht den Mut, in ein Flugzeug zu steigen und mich wehrlos einer mordenden Miliz entgegenzustellen. Ich habe diese Größe nicht.

Müssen wir denn den Mördern die Welt überlassen? »Du sollst nicht töten« lautet eines der zehn Gebote. Handeln also alle, die sich den Milizen entgegenstellen gegen Gottes Willen? Darf ich nicht töten, wenn ein anderer mich und meine ganze Familie auslöschen will? Darf ich mich nicht verteidigen?

Die zehn Gebote stehen nicht allein. Sie haben eine Überschrift, und diese muss man stets mitdenken. Sie lautet »Ich bin dein Gott, der dich aus dem Sklavenhaus Ägypten befreit hat«. Freiheit steht den zehn Geboten voran. Nur wo Freiheit herrscht, haben sie Gültigkeit. Wo Krieg herrscht, herrscht keine Freiheit, und wo keine Freiheit herrscht, da ist die Selbstverteidigung erlaubt.

Unsere Religion löst den Widerspruch nicht auf. Gott bittet um den Gewaltverzicht auch um den Preis des eigenen Lebens, aber fordert ihn nicht ein. Die größere Tat ist es, nicht zurückzuschießen. Sie verlangt eine persönliche Größe, die in der Geschichte immer wieder einzelne Menschen aufbringen konnten. Aber es sind wenige. Gott bittet um den Gewaltverzicht, fordert diesen aber nicht ein.

Der in der Bibel offenbarte Glaube fordert von uns, sich für eine Handlung zu entscheiden. Wir können einen gerechten Tod im Gewaltverzicht sterben oder wir können für Freiheit kämpfen. Doch in beiden Fällen geht es um eine Handlung. Man muss sich entscheiden, ob man Waffen liefert, damit man sich selbst verteidigen kann, oder ob man diese Menschen ihrem Schicksal überlässt, damit sie nicht selbst andere töten.

Diese Entscheidung für andere zu treffen ist noch schwieriger als für sich selbst. Sie ist überfordernd für jeden und ich möchte nicht mit unseren Politikerinnen und Politikern tauschen, die nun über Waffenlieferungen beschließen.

Vielleicht geht einer von ihnen zum Friedensgebet. Denn in dem Moment, in dem wir verzweifelt nicht wissen, was das Richtige ist, ergibt das Beten einen Sinn. Nicht das Beten dafür, Gott möge einen Krieg stoppen, sondern das stille Beten dafür, dass in mir eine Stärke zur gerechten Entscheidung erwächst.

Der junge Priester

Am Abend erhalte ich eine Facebook-Nachricht von einem Priester. Ich kenne ihn nicht, aber wir haben ein paar gemeinsame Facebook-Freunde. Er schreibt mir, er müsse am Donnerstag eine Predigt vor wichtigen Entscheiderinnen und Entscheidern halten. Er schreibt mir, »*Lieber Erik, Deine Überlegungen zur Langeweile hängen mir oft nach. Wärst Du bereit, die Andacht anzuschauen und zu sagen, was langweilt und zu allgemein ist oder was gut ist? Falls Du keine Zeit und Lust hast, kann ich das natürlich sehr gut verstehen. Wenn es ginge, würde ich mich aber sehr freuen.*«

Natürlich habe ich keine Zeit. Ich komme gerade aus dem Büro, habe die Sporttasche über der Schulter und bin auf dem Weg ins Fitnessstudio. – Dennoch, mich reizt diese Anfrage. Nicht zuletzt, weil ich den Kreis der Entscheider, vor denen er predigen soll, sehr gut kenne. »Schick ma rüber. Habe gerade aber nur wenig Zeit,« lautet meine Antwort.

Ich öffne das Dokument, das er mir zugeschickt hat, und lese es im Gehen auf dem Smartphone.

Die Andacht beginnt mit einer Laufveranstaltung, an der wohl einige der Entscheiderinnen und Entscheider selbst teilgenommen haben oder zumindest jemanden kennen, der oder die das getan hat. Auch die Kirche war dabei mit T-Shirts, auf denen stand »Die Ersten werden die Letzten sein«. Man sei zum Spaß mitgelaufen, ohne große Aussichten zu gewinnen oder auch nur besonders schnell zu sein.

»Wie kreativ« – denke ich in ironischem Ton –, »schon vorher die Ausrede aufs Shirt drucken, weil die Leute aus der Kirche nie sportlich genug sind, um zu gewinnen.«

Hinter dem Zitat »die Ersten werden die Letzten sein« steht noch »Matthäus 20,16«. Eine Frau fragt während des Laufs, ob Lothar Matthäus das wirklich gesagt habe. – Eine schöne Geschichte, ich muss auch kurz lachen.

Der Text geht weiter:

»Die Letzten werden die Ersten sein« stammt von Jesus Christus. Im Matthäusevangelium ist es sogar zweimal überliefert. Einmal fragt Petrus, was er und die Jünger dafür bekommen, dass sie alles verlassen haben und jetzt Jesus nachfolgen. Und Jesus antwortet: »Wahrlich, ich sage euch: Ihr, die ihr mir nachgefolgt seid, werdet bei der Wiedergeburt, wenn der Menschensohn sitzen wird auf dem Thron seiner Herrlichkeit, auch sitzen auf zwölf Thronen und richten die zwölf Stämme Israels. Und wer Häuser oder Brüder oder Schwestern oder Vater oder Mutter oder Kinder oder Äcker verlässt um meines Namens willen, der wird's hundertfach empfangen und das ewige Leben erobern.«

Und dann kommt er, der Satz:

»Aber viele, die die Ersten sind, werden die Letzen und die Letzten werden die Ersten sein.«

Doch was soll das bedeuten? Schon oft wurde darüber gestritten: Es sieht so aus, als seien es die Jünger, die jetzt die Letzten, also die Geringsten sind. Und dann würde es bedeuten: Jesus verspricht ihnen Lohn: Später werden sie die Ersten sein. Aber so steht es nicht da. Und die »vielen«, die erwähnt werden, deuten auf eine allgemeinere Aussage hin. Deshalb wurde oft vermutet, dass in dem Satz eine Warnung vor Selbstgerechtigkeit stecken soll. Ein allgemeiner Hinweis: – Ihr werdet gerechten Lohn empfangen. Aber werdet nicht selbstherrlich, denn: Viele, die die Ersten sind, werden die Letzten sein und die Letzten die Ersten. Doch auch dieses steht nicht eindeutig da. Vielleicht hat Matthäus bewusst mit dieser Zweideutigkeit gespielt. Hat es offen gelassen, um dann eine Geschichte zu erzählen.

In seinem Evangelium folgt nämlich auf diese Begebenheit die Geschichte der Arbeiter am Weinberg.

Da ist ein Weinbergbesitzer, der früh morgens losgeht, um Tagelöhner zu finden, die …«

Ich breche ab. Der Autor hat mich längst verloren. Rechts von mir steht auf der anderen Straßenseite eine Kirche. Sie ist rund hundert Jahre alt. An drei Seiten fährt eine Straßenbahn an der Kirche vorbei und beschneidet den ehemaligen Kirchplatz. Auf dem kleinen Rest, der vom Platz geblieben ist, sitzen Obdachlose auf einer Mauer und trinken Bier. Ein paar Hunde liegen herum, und insgesamt lädt diese Ecke des Platzes nicht zum Verweilen ein.

Wie nur soll ich diesem Priester sagen, was ich denke? Seine Andacht ist grundsolide. So klingen alle Andachten. Ich finde sie überhaupt nicht gut. So entschließe ich mich, ihm kein Feedback zu schreiben, sondern um seine Telefonnummer zu bitten. Wenige Sekunden später schickt er sie mir. Ich wechsle die Straßenseite, gehe auf den kleinen, heruntergekommenen Kirchplatz und rufe ihn an.

Er hat eine freundliche Stimme. Die Atmosphäre unseres Gespräches ist angenehm. Wir sagen uns nur kurz hallo, bis ich ins Thema einsteige.

»Ich finde Deinen Text nicht gut. Du machst etwas, was ganz viele theologische Sprecherinnen und Sprecher machen, Du banalisierst Dich selbst. Ich meine diese komische Silvesterlauf-Geschichte am Anfang. Der Satz ›die Ersten werden die Letzten sein‹ ist so stark. Der ist so gewaltig, und Du banalisierst ihn in einer Laufveranstaltung. Es ist doch scheißegal, wer da gewinnt oder nicht – es geht doch in dem Bibelwort nicht um Sportveranstaltungen, nicht um Spiel, sondern um etwas existenziell Bedrohliches für alle Mächtigen.

Du hast da am Donnerstag lauter Verantwortliche mit Macht vor dir sitzen. Die sind zum Teil keine guten Chefs für ihr Personal, die nehmen sich selbst fast immer zu wichtig. Die verlieren mal und erklären sich dann selbstgerecht zu den Guten und werfen anderen vor, dass die Kompromisse eingegangen sind. Die machen bei Kompromissen mit, die sie selbst für falsch halten. Dieses Bibelwort kann sie so existenziell erreichen und erschüttern. Du kannst denen einen Text um die Ohren hauen, bei dem mancher erbost den Raum verlässt und andere ins Grübeln kommen. Dein Text schrammt einfach nett vorbei. Er tut nicht weh.

Will das nicht die Predigt, will sie nicht weh tun? So richtig die Schutzbarrieren eines Menschen durchschlagen, um ihn zur Umkehr zu bewegen?

Adressiere direkt, wer da vor Dir sitzt: ›Wann haben Sie sich zu groß gemacht? Wann haben Sie zuletzt andere herablassend behandelt? – Gestern, vorgestern oder heute schon? Wann haben Sie gegen ihre Überzeugung entschieden? Nach der wievielten Entscheidung brauchte es keine Selbstüberwindung mehr? Sind Sie die Letzten, die die Ersten sein werden, wenn Sie mit Prinzipien nichts erreichen, oder sind Sie die Letzten, die die Ersten sein werden, weil Sie sich schmerzhaften Kompromissen gestellt haben? – Wenn Sie sich selbst die Rolle der Letzten zusprechen, sind Sie dann selbstgerecht?‹«

Am anderen Ende der Leitung ist es ganz still. Dann antwortet mein Gesprächspartner. Er sagt, dass er diese Art des existenziellen Einstiegs ganz gut findet. Es bewegt dann mehr. Darauf hin beginnen wir ein lockeres Gespräch.

Ich frage ihn, was er denn sagen wollte, und er zählt es mir frei heraus in klaren, verständlichen, einfachen und substanzvollen Sätzen. Für mich steht die Frage im Raum, warum er seinen Text nicht so schreibt. So einfach, so verständlich, so als würde er es frei in den Raum sprechen. Deshalb frage ich ihn. Er berichtet mir, dass die Predigt noch nie zu seinen Stärken zählte – schon in der Ausbildung nicht.

Daraufhin erzähle ich von einem meiner englischen Rhetoriklehrer, der mir immer sagte, »be in your own voice« – man kann das auf Deutsch schwer übersetzen, aber es heißt in etwa: »Bleibe Deiner Art zu sprechen treu«. Es ist die Aufforderung, sich nicht zu verstellen. Sich nicht wichtiger zu machen, als man ist. Ganz passend eigentlich zum Thema der Bibelstelle.

»Warum machst du eigentlich deine Botschaft mit dieser Laufgeschichte am Anfang so klein?« frage ich ihn und er antwortet erfrischend ehrlich: »Das haben die uns so beigebracht. Man soll immer einen lebensweltlichen Einstieg nehmen, und weil einem da nie was richtig Gutes einfällt, ist es dann oft belanglos.«

Eine sehr treffende Beschreibung so vieler Predigten. Da wird am Anfang irgendeine Begebenheit genommen und dann mit Gewalt so lange zurechtgebogen, bis man sie am Ende auf die Bibelstelle passend bekommt. Das wirkt stets so bemüht, und gleichzeitig nimmt es mich als Zuhörer nicht ernst. Ich schaffe es sehr wohl ein Stück mitzudenken, ich bin schlau genug, um nicht in der Welt der Kindertagesstätten abgeholt zu werden. Ich brauche keine kleinen Geschichten, die ganz einfach sind, um das Komplexe am Ende verstehen zu können. Das liegt nicht daran, dass ich besonders schlau bin, sondern daran, dass das niemand braucht. Anekdoten können ganz wunderbar sein, wenn sie an die richtigen Stellen gesetzt werden, auflockern oder emotional verstehbar machen, worum es theoretisch gerade geht. Aber sie sollten niemals gesetzter, an den Haaren herbeigezogener Standard sein.

Wir unterhalten uns weiter. Im wahrsten Sinne über Gott und die Welt. Es geht um den Mut etwas zu sagen. Er meint, er könne sich gut vorstellen, existenzieller seine Predigt zu beginnen, aber eben doch nicht so radikal, wie ich es vorgeschlagen habe. »Das würde ich mich nicht trauen«, meint er. »Ich will die doch gar nicht beleidigen oder verletzten.« – Beleidigen oder verletzen will ich auch niemanden, aber ich möchte Bibelstellen existenziell verstanden wissen. Ich habe die Hoffnung auf eine Theologie nicht aufgegeben, die nicht glatt geschmirgelt wird, bis man sich keinen Spreißel mehr an ihr in die Haut stoßen kann. Meine Idee vom Sprechen von Gott ist eine, die Spuren und im Zweifelsfall auch Wunden hinterlässt. Seine ist eine andere.

Systematisiert notiert, vertrete ich im Gespräch ein paar Thesen, von denen ich überzeugt bin, dass sie Predigten besser machen können:

- *Predigten brauchen Relevanz!*

Oft wird Predigern gesagt, sie bräuchten einen lebensweltlichen Einstieg. Dieser wird oft missverstanden als eine banale Geschichte. Aber wer will schon eine Rede – nichts anderes ist eine Predigt – darüber hören, wie jemand kürzlich eine Weinbergschnecke gefunden hat und über diese nachdachte? Oder wie man einen Kuchen gebacken, die Oma angerufen oder mit dem Taxifahrer gesprochen hat. Nein, all das ist nicht dienlich, um durchzudringen.

Relevanz erzeugt man nicht mit Banalität, sondern damit, das richtige Timing zu haben und möglichst nah an das heranzurücken, was die Zuhörerinnen und Zuhörer aktuell im Kopf haben. Eine gute Predigt ist hoch aktuell. Sie befasst sich mit dem, was gerade in aller Munde ist und formuliert passgenau eine These. Dafür lohnt es sich, die Online-Zeitungen abzusurfen, die Tageszeitung zu studieren oder gar die BILD zu kaufen. Daraus ergibt sich aber auch, dass eine Predigt noch nicht »kalt« sein darf. Sie befasst sich nicht mit Dingen, die vor einer Woche waren, sondern mit dem, was heute auf den Straßen, Stammtischen und am Gartenzaun Thema ist.

Der Grund dafür ist recht einfach. Unser Gehirn verarbeitet immer nur denjenigen externen Reiz, der am besten zu unseren bereits bestehenden Gedankenmustern passt. Denken wir gerade über ein Thema X nach und uns wird über ein Thema Y gepredigt, dann ist die Wahrscheinlichkeit, dass für uns Thema Y relevanter wird als das Thema X relativ gering. Landen wir allerdings einen Treffer und unsere Predigt befasst sich ebenfalls mit Thema X, dann wird diese plötzlich maximal relevant.

Die Voraussetzung dafür, diese Treffer zu landen, ist, seine Zielgruppe gut zu kennen. Welche Medien nutzen diese, welche Themen werden besonders stark diskutiert, was ist in der aktuellen Lebensphase und Jahreszeit das bestimmende Thema?

Versuchen Sie doch mal an einem Tag, an dem es zum ersten Mal seit längerer Zeit geschneit hat, die Menschen zu belauschen und stellen Sie fest, allerorten gibt es nur ein Thema: Schnee.

Man kann die Themen treffen lernen. Es erfordert eine radikale Umkehr der eigenen Perspektive. Weg vom Schmoren im eigenen Saft, hin zu einem Interesse an der Umwelt und am Weltgeschehen.

Sie finden, das sagt sich so leicht? – In diesem Falle kann ich Ihnen zusichern, dass ich genau weiß, wovon ich spreche. Ich optimiere die Relevanz von Redebeträgen für viele Personen und Institutionen. Die Erfolge sind messbar und nachweisbar. Die Reichweiten von Botschaften gehen massiv in die Höhe, wenn man diesem Prinzip folgt. Sie explodieren geradezu.

- *Predigten brauchen starke Emotionen!*

Wer beim Sprechen andere erreichen will, der darf keinen Einheitsmatsch präsentieren. Die Kanten dürfen nicht abgeschliffen werden, sondern müssen sichtbar herausgearbeitet werden. Zorn eignet sich genauso gut für eine Predigt wie wahre Liebe,

Trauer oder Enttäuschung. Dabei dürfen diese starken Emotionen nicht nur Thema der Predigt sein, sondern sie müssen empfunden werden.

Wer sich hier treu bleiben will, sollte über das predigen, was einen wirklich empört, wirklich begeistert, wirklich in Freudentaumel oder tiefe Frustration versetzt. Die eigene Emotion soll ganz nach außen gekehrt werden – beinahe übergriffig stark. Erst dann kommt sie an und erreicht andere. Wichtig ist, dass man nicht die gleiche Emotion bei den anderen erzwingen muss – sonst ist man erneut in der Falle der emotionalen Übervorteilung mit performativer Methodik, in die zu geraten man tunlichst vermeiden sollte.

Es reicht schlicht, wenn man selbst echte Emotionen zeigt. Der Grund, warum Emotionen so stark wirken, ist, dass diese entscheidungsrelevant für uns Menschen sind. Unsere Entscheidungen basieren nicht auf logischer Kognition, sondern auf der positiven oder negativen Emotionalisierung von Argumenten. Wir reichern abzuwägende Gründe mit emotional positiven und emotional negativen Werten an und kommen so abschließend zu einer Entscheidungsfindung. Zeigt jemand starke emotionale Reaktionen, dann löst dies im Gegenüber aus, dass dieses aktiviert wird, sich selbst zu dieser angebotenen Emotion zu positionieren, und gleichzeitig wird die sprechende Person als bestimmt und wahrhaftig in ihrer Position wahrgenommen.

- *Predigten brauchen Pointiertheit!*

Warum nur sollte man lange um den heißen Brei reden? Sagen Sie doch einfach, was Sie sagen wollen! Es braucht keine Geschichte, die man komplett mitdenken muss, um eventuell zum gleichen Punkt zu kommen. Es braucht keine langen ausschweifenden Analogien, die Dinge miteinander vergleichen, um dann eine Banalität festzustellen. Erfolgreicher ist man, wenn man schlicht und ergreifend direkt frei heraus sagt, was man denkt und ausdrücken will. Das Gegenüber wird es schon schaffen, sich zu dieser These zu positionieren.

- *Predigten brauchen theologische Substanz!*

Ich setze den Punkt der theologischen Substanz ganz bewusst ans Ende dieser vier Faktoren. Denn er ist unabdingbar und darf nicht vergessen werden. Predigen erfordert weiterhin und wird es immer erfordern, dass Sie wissen, worüber Sie eigentlich reden. Sie reden nie ganz nur aus eigener Perspektive, sondern Sie untermauern ihre Position mit christlich-theologischer Argumentation. Sollte Ihre Position von der theologisch vertretbaren komplett abweichen ist das ebenfalls ein gutes Predigtthema. Aber bitte ersparen Sie uns allen, die gesamte Komplexität von Altem und Neuen Testament auf den barmherzigen Samariter und die Formel »Gott ist die Liebe« viel zu unterkomplex zu reduzieren.

Mit dem jungen Priester bespreche ich das alles locker anhand von Beispielen. Es geht weniger um Theorie, sondern ganz praktisch um seinen Termin ein paar Tage später. Unser Gespräch dreht sich weiter, wir sind einander sympathisch und schließlich sagt er: »Ich glaube ganz einfach nicht, dass eine Predigt etwas verändert. Ich weiß, anderen ist das wichtig, aber ich glaube nicht daran. Ich habe noch nie erlebt, dass eine Predigt etwas ändert.«

Ich verabschiede mich und lege auf. Alles ist aus den Fugen geraten. Dieses Buch ist sinnlos geworden. Er glaubt nicht an die Wirkmacht der Sprache. Er glaubt nicht daran. Und jetzt? Was, wenn das auf noch mehr Theologen zutrifft? Was, wenn er Recht hat und die Sprache gar nicht das Problem der Kirche ist? Was, wenn es sinnvoller wäre, das Format der Verkündigung zu streichen, als es neu zu denken?

Ich gehe wie geplant ins Fitnessstudio. Ein Raum mit wenig Text. Hier wird kaum miteinander gesprochen und wenn, dann meist dummes Zeugs über die Zunahme von Muskelmasse und das richtige Proteinpulver. Geschriebenen Text gibt es auch nicht. Gerade einmal die Worte »Umkleide« und »bitte räumt die benutzten Hanteln nach dem Training wieder auf«. – Fast wie in einer Kindertagesstätte.

Was, wenn der Text nicht wichtig ist?

Joggen auf dem Laufband. Heute ohne Kopfhörer. Ich starre tonlose Bilder auf dem Fernseher an. Alle hier haben Kopfhörer im Ohr. Die meisten hören Musik. Hört hier jemand ein Hörbuch? Würde hier jemals jemand eine Predigt hören? Was wäre, wenn ein Gottesdienst auf dem Fernseher käme? – Wie lange würde es wohl dauern, bis jemand das Personal bittet, den Sender zu wechseln?

Was, wenn der Text nicht wichtig ist?

Ich überlege, gibt es eine einzige Predigt, an deren Inhalt ich mich erinnere? Erinnere ich mich an irgendwas aus hunderten Kirchenbesuchen in meinem Leben? – Auch nur ein Wort, eine Analyse, eine These? – Das Ergebnis ist ernüchternd: Nichts.

Was, wenn der Text nicht wichtig ist? – Ist dann dieses Buch gescheitert?

SCHWEIGEN

Schreibblockade

Was soll ich weiter schreiben? Kann ich Sie überhaupt erreichen? Als ich dieses Buch begonnen habe, schrieb ich gegen den Widerstand an, nichts verändern zu wollen. Ich schrieb gegen die Wand eines Hauses aus Tradition und Routine. Nun aber stehe ich vor einer Festung mit Mauern aus massivem Misstrauen gegen die Verkündigung selbst.

Ich könnte es mir einfach machen und sagen: Na, wenn sie nicht daran glauben, dann können es die Theologen auch gleich lassen. Oder ich könnte ihnen das Pfingstereignis um die Ohren hauen, in dem es doch gerade darum geht, die Verkündigung zu betreiben, in allen Sprachen dieser Welt. Aber das wäre zu einfach, denn es liegt sogar ein theologischer Punkt in der Analyse, dass eine Predigt nichts verändert: Gott berührt den Menschen.

Ja, es ist Gott, der Menschen mit Glauben berührt und nicht ein Mensch. Wer von Gott nicht zum Glauben gerufen wird, der wird den Glauben nicht leben können. Genau wie man zum Priesteramt berufen wird und sich nicht einfach einen Beruf aussucht. – Wer würde wohl schon diesen Beruf mit all seinen Zwängen wählen, wenn nicht Gott einen dafür erwählt hätte?

Was soll ich Ihnen noch schreiben? Noch zwanzig Tipps, wie Sie Ihre Rhetorik verbessern? – Ich käme mir vor wie einer dieser unnützen Ratgeber, die man für wenig Geld am Bahnhof kaufen kann. – Ratgeber für Erfolg, für Liebe, fürs Geld verdienen oder Personalgespräche und Karriere. Langweiliger Kram eben, der das Wichtigste stets ignoriert. Erfolg ist nicht nur eine Frage der Technik, sondern vor allem eine Frage der inneren Konstitution.

Ich habe mein Leben lang daran geglaubt, dass man mit Sprache jemanden zum Handeln bewegen kann. Das ist auch der Grund, warum ich so eine große Nähe zur Politik habe. Wir haben wenig andere Mittel als die Sprache zur Verfügung, um die Welt zu verändern. In der Politik gibt es keinen wirkenden Gott, sondern nur sprechende Menschen, und deren Worte müssen eine Welt verändern.

Man kann diese Technik zum Guten oder zum Bösen verwenden. In den 90ern prägten die Republikaner die Phrase »Das Boot ist voll« in Deutschland. Ein Bild, das so stark war, dass es den gesamten demokratischen Diskurs nach rechts zu verschieben vermochte. Egal, wo man stand, man musste sich zu diesen vier Worten positionieren. Es dauerte lange, sehr lange, bis dieses Sprachbild in Vergessenheit geriet und von der politischen Bühne verschwand. Seien wir dankbar, dass es der Slogan »Wir sind nicht das Sozialamt der Welt« noch nicht zu dieser zweifelshaften Durchdringung unserer politischen Psyche gebracht hat, auch wenn ich fürchte, es könnte diesem Satz gelingen.

Im Grunde ist mein Text am Ende. Er ist unnütz geworden. Mir bleibt nichts, als die Flucht nach vorne anzutreten. Ich muss mit mehr Theologen sprechen.

Provinz

Ich folge einer Einladung in die schwäbische Provinz. Die Jugendseelsorger eines Dekanates haben mich eingeladen, mit ihnen über die Sprache von Kirche zu sprechen. Genauer gesagt, über ihr eigenes Sprechen in der Kirche, mit dem sie selbst unzufrieden sind. Das Haus, in dem wir uns treffen, ist moderner als die meisten anderen kirchlichen Häuser. Wir tagen in einem hellen Raum, in dem auch andere – kirchenfremde – Gruppen tagen könnten, ohne sich seltsam zu fühlen.

Es hängen in diesem Gemeindezentrum keine Bilder von Kommunionkindern an den Wänden. Ein Beamer ist an der Decke angebracht. Man schaut draußen auf einen schönen Garten. Hier kann man arbeiten.

Alles ist wie immer in Gremiensitzungen mit meiner Kirche. Es gibt Filterkaffee aus silbernen Kannen und Kuchen für alle. Wenn man katholische Gremien besuchen fährt, gibt es so etwas wie eine immerwährende Garantie auf ein Stück Donauwelle. Ich mag Donauwelle. Es ist eine leckere Torte.

Wie immer wenn ich bisher über das Thema kirchliche Sprache sprechen sollte, habe ich auch dieses Mal eine Predigt mitgebracht. Sie beginnt immer leicht ironisch mit Kirchen-Bla-Bla und radikalisiert sich dann zusehends, um das Publikum so sehr zu provozieren, dass man danach etwas hat, worüber man sich unterhalten kann. Der Text der Predigt klingt so:

Ihr habt mich eingeladen, um heute über eine Sprache zu sprechen, die von Jugendlichen verstanden wird. Über eine Sprache, die kirch-

licher Jugendarbeit Wege eröffnet, um von Jugendlichen gehört zu werden. Das ist eine gute und wichtige Frage, denn die Frage nach unserem Sprechen ist zutiefst theologisch.

Es ist die Frage ob wir als Christen im Vertrauen auf das Pfingstereignis hinausgehen und den Menschen das Feuer der Botschaft Gottes bringen. Hinaus in die Welt zu den Menschen, deren Hoffnung auf Erlösung in Jesus Christus liegt. Nicht bei uns stehen zu bleiben, sondern in Bewegung zu den Menschen zu sein.

Wir wollen als Kirche die Menschen berühren mit den Flammen unserer Worte, die wir auf unseren Zungen tragen. So wie die Apostel durch den Geist bemächtigt wurden in allen Sprachen zu sprechen, sind wir heute aufgefordert die Botschaft Gottes in der ganzen Welt zu verkünden.

Fürchtet euch nicht vor dem Kontakt mit den Menschen, denn wir sind das Volk Gottes, das verstanden werden wird, weil der Herr als Hirte behütend den Stab über uns hält und uns den Weg zu jenen weist, die Erlösung suchen.

Darum werden wir in der christlichen Jugendarbeit nicht ruhen, um jungen Menschen zu ermöglichen, sich selbst als Teil der göttlichen Schöpfung zu erfahren. Wir ermöglichen die innere Einkehr, das Sich-Selbst-Finden, das Bei-Sich-Sein, damit jungen Christen Zugänge eröffnet werden zum innersten Kern dessen, was sie wahrhaftig sind: Geschöpfe Gottes, in denen das kleinste Senfkorn Hoffnung zum stolzen Baum eines erfüllten Lebens im Glauben heranwächst.

Ist ja alles theologisch richtig, aber sprachlich und rhetorisch einfach fürchterlich scheiße. Ihr habt mich eingeladen zur Frage, wie man sprachlich wieder näher an Jugendliche herankommt. Ganz einfach: Mit der Idee der Reformation.

Martin Luther ist einst angetreten, um das Christentum verständlich zu machen. Weg vom Latein, hin zur vom Volk gesprochen Sprache. Martin Luther ist einst angetreten, um die Kirche wieder auf den rechten Weg zu führen. Weg vom Prunk hin zur Armut. Er erschuf damit die evangelische Kirche und veränderte mit leichter zeitlicher und kriegerischer Verzögerung dann auch die katholische, weil diese sich gezwungen sah, sich selbst zu erneuern, um gegen den Protestantismus bestehen zu können. Martin Luther trat an, die katholische Kirche mehr auf Gott zu beziehen und das Volk zu ermächtigen und erreichte schließlich die Gründung einer neuen und die Veränderung der alten Kirche.

Was haben wir daraus gemacht? Die Idee der Verständlichkeit haben wir mit einem neuen Latein in deutscher Sprache tot gesprochen. Wer versteht denn heute das Gerede von den Senfkörnern? Wer von euch denkt auf 'ner Party »huch, wir sind zwei oder drei, da ist jetzt Gott mitten unter uns«? Wann habt ihr jemals über eure Spuren im Sand nachgedacht? Wer von euch wohnt in einem Land, in dem Senfbäume wachsen? Und wann habt ihr jemals in eurem Leben Brot aus Sauerteig gemacht?

Unsere Kirchen sind nicht mehr voller Prunk und Pracht aus Gold und Silber, aber sie sind bis zur Decke gefüllt mit schwülstig-barocken Worten – verschwurbelte Unverständlichkeit. Im Grunde brauchen wir einen neuen Bildersturm. Dieses Mal reißen wir keine Heiligenporträts von den Wänden, sondern die ganzen pseudointellektuellen Sprachbilder.

Die Reformation ist nicht nur eine theologische Revolution, sondern auch eine rhetorische. Die frühen Reformatoren hatten verstanden, dass sprachliche Radikalität, Verständlichkeit und Vulgarität den Schlüssel zur Massenbewegung darstellen.

Ihr zweifelt daran, dass die Reformatoren radikal gesprochen haben?

»An den Bock zu Köln« adressiert Martin Luther einen Brief an den katholischen Erzbischof und Kurfürsten zu Köln. Wollten wir in gleicher Weise heute formulieren, so müsste diese Versammlung ein Schreiben an den Kölner Kardinal verfassen und von der Anrede »Schlampe« Gebrauch machen. Umgangssprachliche Vulgarität, aufgegriffen in der formal-institutionellen Kommunikation. Eine brillant einfache Idee.

Natürlich würde eine solche Anrede heute nicht zu den gepflegten Beziehungen innerhalb der Kirche passen. Im Kern dient dieses Beispiel auch nicht als Aufforderung, sich daneben zu benehmen, aber durchaus als Appell, die eigene Langweiligkeit im Sprechen zu überwinden – Umgangssprachlichkeit zu wagen und sich aller kirchlichen Spießigkeit zum Trotz auch vor den vulgärsten Ausdrücken nicht zu zieren.

Jugendliche werden nicht davon beeindruckt, dass wir uns so klug und erwachsen ausdrücken können. Nicht von einer Sprache, die nur Distanz aufbaut, weil sie in einem normalen Alltag niemals vorkommt. Noch weniger werden sie von emotionstriefendem theologischem Geschwätz begeistert. Ja, ich nenne diese »Ins Wasser fällt ein Stein«- und »Jesus lädt dich ein«-Phrasen Geschwätz, weil sie den Kern der reformatorischen Sache verschleiern: DAS BEGREIFEN.

Kein Einlullen mit süßen Phrasen, sondern ein emotionales Berühren der Menschen dadurch, dass sie die Botschaft Gottes selbst verstehen.

Überzeugung durch das Hochgefühl, es selbst kapiert zu haben. Sich selbst etwas zu erschließen und für sich selbst zugänglich zu machen. Im Grunde nichts anders als der große Klassiker der Lerntheorie: Wenn ich mir etwas selbst erschließe, dann lerne ich es nachhaltig und bin gleichzeitig motiviert, mehr begreifen zu wollen.

Bei beidem geht es um Emotionalität. Bei der esoterischen Analogie-Suche nach immer neuen Sprachbildern, genauso wie im Hochgefühl etwas begriffen zu haben. Während erstere Emotion nur von den bereits Überzeugten geliebt wird, ist die Emotion der Erkenntnis durchaus geeignet Kontakt zu unüberzeugten Menschen herzustellen.

Ich will nicht missverstanden werden. Ich fordere keine kompliziert-logischen Texte und Sätze ein. Oder noch schlimmer: Irgendwelche schrecklichen »Zehn-gute-Gründe-Flyer« oder Schüler-Bibelkreise. Ganz im Gegenteil. Mir geht es um den emotionalen Kern.

Unser Gehirn ist so aufgebaut, dass unsere Entscheidungen nicht auf Vernunft und Argumentation, sondern auf positiven oder negativen Emotionen basieren. Was sich richtig anfühlt, ist subjektiv wahr.

– ABER: Wahrhaft nachhaltige Emotionalität basiert nicht auf Übervorteilung durch Teelichter, Nora-Jones-Musik und salbungsvolle Worte, oder durch das Auswendiglernen von Bibelstellen, sondern basiert darauf, dass Menschen das positive Hochgefühl haben, etwas verstanden zu haben. Ein Prozess der umso wahrscheinlicher wird, umso einfacher, konkreter und umgangssprachlicher wir etwas erklären.

Beweis gefällig?

Ich finde Helmut Schmidt toll, dabei fand ich ihn über viele Jahre hinweg so richtig bescheuert. Ein alter Mann, der ständig raucht. O je, was für eine schlimme Karikatur von Souveränität. Seht her, meine Zigarette – oh wie toll, ich kann sie selbst in Talkshows rauchen. Mir war das immer zu billig, zu analogisch und am Ende war mir der ganze Typ einfach zu blöd.

Diese emotionale Ablehnung hielt lange an, bis ich irgendwann mal wieder eine Talkshow mit ihm sah. Er rauchte, wusste alles besser und nervte wie immer. Bis er grob Folgendes sagte: »Wie unüberlegt ist es, dass wir uns freuen, dass wir einen so hohen Außenhandelsüberschuss haben. Es gibt ein deutsches und nicht nur ein europäisches Interesse an einer ausgeglichenen Außenhandelsbilanz. Denn im Grunde bedeutet der Überschuss Deutschlands nichts anderes, als dass wir Waren, Dinge, also Luxusgüter in die Welt verschicken und dafür Geld, also Papier erhalten. Das heißt, wir geben Wohlstand an andere ab und tauschen diesen gegen Geld. Geld aber bietet an sich keinen Mehrwert und entwertet sich selbst durch Inflation, wenn wir nicht im gleichen Umfang wieder Waren – also Wohlstand und Luxus – aus dem Ausland einführen und damit unsere Außenhandelsbilanz ausgleichen.«

Im Original hat es etwas länger gedauert, weil er noch ca. 200 Mal an seiner Zigarette ziehen musste, aber in mir war etwas passiert.

Ich liebte diesen Mann, fand ihn plötzlich toll und empfinde es bis heute. Zwischen ihm und mir ist eine emotionale Bindung entstanden, die auf einer ganz einfachen Tatsache beruht: In meiner Schulzeit habe ich immer wieder, wenn wir das lernen mussten, unsere Lehrer gefragt, warum es denn ein Problem sei, wenn wir Außenhandelsüberschüsse machen. Und ich bekam über Jahre hinweg irgendwelche verschwurbelten Antworten, dass die ausgeglichene Außenhandelsbilanz ja eine Zieldimension der deutschen Wirtschaftspolitik im magischen Viereck sei und damit wichtig … mehr bekomme ich ehrlich gesagt heute nicht mehr von diesen Antworten zusammen. Selbst verstanden hatte ich es jedoch nie, bis zu jenem Talkshow-Auftritt von Helmut Schmidt.

Ich war positiv emotional berührt davon, dass ich etwas verstanden hatte. Schlicht: Gut gelaunt.

Niemand hat eine positive Emotion davon, dass unsere Predigten unverständlich sind – dass sie Vergleiche aufmachen, die mehrere Semester Theologiestudium erfordern. Niemand ist beeindruckt davon, wenn sich die Kirche ihre eigene sprachliche Welt erschafft und die eigenen Kirchentüren mit dieser Sprache so lange vernagelt, bis kein Mensch mehr verstehen kann, warum da jemals jemand rein gegangen ist.

Wer junge Menschen erreichen will, der muss die komplexesten Dinge ohne Schnörkel und Senfkörner erklären können und wollen. Im Grund gilt es nur, einem Satz von Melanchthon in ganzer Konsequenz zu folgen: »Wer Christus hat, hat alles und kann alles«.

Ein Satz, der alles sagt, weil er adressiert, dass wir nichts Besonderes brauchen, um andere Menschen zu überzeugen: Keine Texte, keine Bibeln, keine Veranstaltungsformate. Wir brauchen keine besondere Musik und keine neuen Flyer, wir brauchen keine theologische Sprache, sondern wir brauchen schlicht uns, so wie wir waren, bevor wir innerhalb der Kirche anfingen anders zu sprechen, als wir es sonst taten. Wir brauchen uns und unsere Sprache, die noch so klingt, als hätten wir nicht Theologie studiert und als wollten wir mit unseren Freunden über Fußball reden, anstatt einen pseudo-emotionalen Jugendgottesdienst vorzubereiten.

Wir brauchen schlicht uns mit unseren klaren Gedanken, die wir ohne Sprachbilder auf den Punkt bringen. So sehr auf den Punkt, dass unser Gegenüber zu denken beginnt und aus der positiven Erfahrung der Selbst-Erkenntnis Motivation für die tiefere Auseinandersetzung mit sich und mit Gott schöpft. Ein wahrhaftiger Sprachbildersturm.

Unternehmen wir doch einfach mal den gleichen Versuch wie Jesus, die Menschen zu überzeugen. Nicht durch die Wiederholung der alten Texte, sondern indem wir unseren Glauben so erklären, dass er verstehbar wird. Wagen wir Verständlichkeit!

Der Erfolg wird nicht ausbleiben. Auch wenn wir nicht immer überzeugen können, müssen wir uns kein Scheitern vorwerfen, denn auch unser Gott selbst hat das nicht immer hinbekommen.

Gott selbst hat nicht genug rhetorisches Talent, alle Menschen zu überzeugen. Er konnte nicht den Pharao in Ägypten durch Mose überzeugen. Auf den ließ er einreden, dann hat er ihn erfolglos mit Fröschen beworfen – nur um schlussendlich keinen Ausweg mehr zu sehen, als ein Kindermord-Massaker anzurichten, das übrigens nicht sonderlich nachhaltig überzeugte.

Wir könnten es auf die begrenzten Fähigkeiten von Mose schieben – schließlich konnte der nicht mal seine Leute vom Basteln eines goldenen Kalbs abhalten. Unser Gott, als er selbst Mensch wurde, konnte allerdings kaum besser überzeugen. Ja, Tausende lauschten der Bergpredigt, aber damit sie nicht wegliefen, mussten die Zuhörer mit einem durchaus beachtlichen Buffet versorgt werden. Simon folgt Jesus nicht nach, bevor er nicht einen durchweg materialistischen Haufen Fische aus dem See gezogen bekommt, der mit nachhaltiger Fischerei wenig zu tun hat und auch nicht wirklich als theologisch fundierte Argumentation anerkannt werden kann.

Die Mächtigen haben ihn ans Kreuz nageln lassen, weil keiner Gott die Nummer mit dem Gottessohn, der wahrer Gott und wahrer Mensch zugleich ist, glauben wollte. Seine eigenen Jünger saßen nach der Kreuzigung zusammen und waren verzweifelt darüber, dass sie offenbar nicht dem Messias, sondern einem gekreuzigten Loser gefolgt waren. Nicht mal von seiner eigenen Auferstehung konnte Gott vollumfänglich überzeugen.

Thomas wollte Wunden checken, bevor er hier irgendwas glaubt und zu guter Letzt braucht es noch ein Motivationstraining und ein recht intensives Fremdsprachencoaching durch den heiligen Geist in den Pfingstferien, um diesen ganzen Apostel-Haufen irgendwie dazu zu bewegen die größte Geschichte der Welt irgendwem erzählen zu wollen.

Blasphemie? – Radikale Verständlichkeit ist durchaus riskant!

Wir als Christen vertrauen darauf, dass Gott uns in der Bibel den Weg zum gerechten Leben weist, dass sich in diesem einen Buch Gott selbst offenbart. Als guter Theologe kann und darf ich dann aber auch nur zu einem analytischen Schluss kommen: Die Worte Gottes zu kopieren, um andere Menschen zu überzeugen, ist echt keine gute Idee. Wenn Gott selbst zu einer Zeit, als die ganzen sprachlichen Bilder noch nahe an der Lebensrealität der Menschen waren, nur mäßige Erfolge mit dieser Sprache erzielte, dann sollten wir in einer neuen Zeit diese nun wirklich nicht rezitieren. Dem Pfingstereignis gehen Tod und Auferstehung voraus. Dem Pfingstereignis geht voraus, dass Gott selbst nicht überzeugen konnte. Es geht dem Ereignis voraus, dass seine engsten Vertrauten Beweise einforderten und zweifelten. Das sind keine Annahmen oder Vermutungen, sondern all dies ist explizit ausgesprochener Bestandteil der heiligen Schrift.

Im Pfingstereignis selbst fallen keine Bibeln in allen Sprachen der Welt vom Himmel, sondern es brennen Flammen auf den Zungen unterschiedlicher Sprecher. Ihnen wird die Barriere der Fremdsprache genommen, aber keiner der Sprecher wird auf die Worte Gottes verpflichtet. Es sind die Apostel, die aufgefordert sind, selbst von den großen Taten Gottes in der Welt zu sprechen. Mit ihren eigenen Worten über eigenen Glauben – ohne Schnörkel.

»Wer Christus hat, hat alles und kann alles«.

Ich habe diese »Predigt« schon oft gehalten. Ich rede mich dabei in Rage, nutze das gesamte Repertoire der rhetorischen Mittel, um mein Publikum zu beeindrucken. Das Ergebnis ist stets ein Sturm der Begeisterung und langer Applaus. Erst langsam wacht dann das Publikum wieder aus der Trance der rhetorischen Übervorteilung auf und beginnt über den Inhalt nachzudenken.

Dann werden berechtigte Fragen nach der theologischen Substanz der Argumentation laut. Bei den Katholiken dauert es eine Weile, bis sie die rein protestantische Kritik an ihrem Wirken als solche erkennen und bei den Protestanten dauert es eine Weile, bis sie die starke Beugung, Verkürzung und Entstellung biblischer Stellen entlarven.

Ich mag diese Methode, weil sie so viel Anlass gibt, sich in der Folge darüber zu unterhalten, wie genau produktiv in der Kirche gesprochen werden kann.

Nur heute, hier in Schwaben, will mir der Vortrag nicht so recht gelingen. Meine Hand zittert, während ich ihn vortrage, ich selbst habe nicht den Eindruck, ganz bei der Sache zu sein und bin ein wenig unkonzentriert. Es liegt nicht an der Gruppe und nicht an der Ernsthaftigkeit mit der sie mir zuhört oder mit mir in den Austausch geht. Es liegt an jenem jungen Priester, der nur wenige Tage zuvor angerufen hatte. Er glaubt nicht daran, dass die Predigt etwas bringt. Er glaubt nicht daran, dass Verkündigung Menschen erreicht.

Seine Sicht der Dinge lässt mich in diesem Workshop nicht los.

Die Jugendseelsorgerinnen und Jugendseelsorger im Dekanat berichten aus ihrer Arbeit. Was gut gelingt, und welche Situationen schwierig sind. Wir nehmen einige davon genau unter die Lupe und schauen, wie man passendes Feedback sicherstellen könnte, sodass man zu einer qualitativen Verbesserung der eigenen Arbeit gelangt. Denn genau an dieser Stelle muss man ansetzen, wenn man in der kirchlichen Pastoral etwas verbessern will. Es ist nicht das Problem, dass nicht theoretisch ausreichend vieles bekannt wäre, was man tun kann und welche Formen kirchlicher Auftritte nicht dienlich sind. Es mangelt einfach nur an einer etablierten und gelebten Feedback-Kultur in der Seelsorge.

Die Gottesdienstbesucherinnen und -besucher kommen nach der Messe nur selten mit Kritik an der Predigt und wollen sich darüber austauschen. Selten wird mal gelobt, aber noch seltener wird konstruktiv kritisiert und unterstützt.

Auch innerhalb von Pastoralteams ist das Feedback oft Mangelware. Nicht aus Böswilligkeit, sondern weil man sich die Arbeit gut aufteilt und selten gleichzeitig am selben Ort ist, um der oder dem anderen beim Verkünden zuzuhören. Damit entgehen viele Gelegenheiten, zu denen man sich gegenseitig hilfreich Rückmeldung gegen könnte. Weil diese Gelegenheiten so selten sind, gibt es insgesamt nur eine schwache Feedback-Kultur und diese führt oft dazu, dass selbst wenn es eine Gelegenheit gibt, Feedback zurückgehalten wird, um den oder die andere nicht zu verletzen.

Langfristig führt dies unweigerlich zu einem Verlust an Qualität. Wer immer wieder ähnliche Dinge tut und dabei nie anhand von Kriterien überprüfen kann, ob alles noch passt, bei dem schleichen sich Fehler ein. Das ist in der freien Wirtschaft nicht anders als in der Kirche. Deshalb ist es so wichtig, immer wieder Qualitätssicherung zu betreiben und sich nicht fortlaufend in der Mittelmäßigkeit einzurichten.

Wo keine Feedback-Kultur gelebt wird, da wächst im Lauf der Zeit auch die Angst vor Rückmeldungen. In der Kirche ist das auf ganz unterschiedlichen Ebenen zu spüren. Im Internet wünscht sich mancher Bischof ausschließlich Formen der Verkündigung, die keine Kommentierung durch die Leserschaft zulassen, in Kirchengemeinden wird tunlichst vermieden, sich gegenseitig Feedback zu geben und kollegiale Besuche über die Pfarreigrenzen hinweg werden vermieden. Zu groß ist die Angst, nach Jahren ohne Feedback dann die Rückmeldung zu bekommen, dass alles falsch ist. Ein solches Feedback würde nicht nur einen Moment infrage stellen, sondern gleich das ganze Wirken in den letzten Jahren. Darum trifft ein aufgestautes Feedback besonders hart.

Stattdessen nehmen viele kirchliche Mitarbeiterinnen und Mitarbeiter eine andere Haltung ein. Sie richten sich darin ein, sich nicht ständig verbessern zu müssen. Versuchen den Stress, den ihr Job mit sich bringt möglichst zu reduzieren und lassen Formate, die besonders schlecht laufen, lieber weiter- oder auslaufen, statt sie nachhaltig zu überarbeiten und zu verbessern. Eine Einstellung, die man niemandem verübeln kann, der oder die in einem System arbeitet, in dem Erfolge immer kritisch beäugt werden und das keine Anreize für zusätzliche Leistung schafft.

Mich macht das alles melancholisch. Ich kenne so viele engagierte, begeisterte und herzliche Menschen in der Kirche. Viele von ihnen machen großartige Arbeit. Aber ich kenne noch viel mehr, die sich darin eingerichtet haben, nichts mehr erreichen zu können. Karrierewege sind begrenzt, man fühlt sich eingemauert in der Kirchengemeinde, und jährlich wiederholt sich die Unzufriedenheit darüber, dass es nicht vorangeht.

In der Kirche kann man sich nie als Teil eines wachsenden Systems erleben. Man ist nicht auf der Erfolgsspur, sondern ist stets Teil eines ganz langsam sterbenden Kosmos. Täglich entdeckt man auf irgendeiner Nachrichtenseite einen heftigen Vorwurf gegenüber der Kirche von außen oder einen heftigen Vorwurf gegen die Welt aus der Kirche. Man kann sich nicht dagegen wehren, wenn der eigene Bischof sich mit Dingen zitieren lässt, die dem eigenen Glauben zuwiderlaufen, aber es gibt auch keinen Ausweg raus aus der Kirche. Wer in der Kirche arbeitet, der bleibt meist dort.

Wenn man Menschen begegnet, die keine enge Bindung an die Kirche haben, muss man sich stets für Dinge verteidigen, die man selbst nicht schätzt. Man kann nicht einfach sagen: »Ich bin BWLer«, und das Gespräch über den Job ist angenehm beendet und wendet sich einem neuen Thema zu. Wenn man sagt, dass man für die Kirche arbeitet, dann prasselt sofort alles auf einen ein: Irritation, Neugierde, Verachtung oder im schlimmsten Falle Mitleid.

Man kommt um das Thema nicht herum, wenn man neue Leute kennenlernt, und würde doch nichts lieber, als endlich mal über etwas anderes zu sprechen. Aber da draußen geht das nicht. Da landet man immer irgendwann bei der Kirche und muss sich stets verteidigen. Deshalb bleiben viele Theologen auch in engen christlichen Kreisen. Sie haben meist Freunde, die auch etwas mit Kirche zu tun haben. Das liegt in der Natur der Sache. Auch BWLer haben meist BWLer-Freunde, weil sie mit diesen eine gemeinsame – in meinem Erleben oft belanglose Ebene finden.

Für die Kirche ist dieser Rückzug in einen Binnenkosmos besonders dramatisch, weil sie sich mehr denn je nach außen wenden müsste, um sich in der sich ständig ändernden Welt behaupten zu können.

In meiner Welt kommt Kirche gar nicht mehr vor. Ich wohne in der Mitte einer Millionenstadt. Das Einzige, was ich von Kirche noch mitbekommen kann, ist das Glockengeläut, das sonntags immer viel zu früh zur Messe ruft.

Die Kunst in meinem Viertel setzt sich nicht mehr kritisch mit Kirche und Glaube auseinander. Sie ist durch und durch säkular. Die Menschen in den Kneipen und auf den Plätzen reden nicht über die Kirche, auch wenn diese meist physisch ziemlich dominant genau vor deren Nase steht. Man trifft sich nicht mehr an einer bestimmten Kirche, sondern auf einem Platz, der einen eigenen – nicht christlichen – Namen hat.

Wenn ich meine Freunde besuche, die Theologen sind, dann wohnen diese meist auf dem Land oder in kleinen Städten. Wenn sie in einer Großstadt leben, dann oftmals nicht sonderlich zentral. Sie kennen die Welt, die ich ihnen beschreibe, durchaus von der einen oder anderen durchzechten Nacht, aber so ganz können sie sich nicht vorstellen, als Teil von dieser zu leben. Sie erscheint dafür zu anonym, zu schnell, zu unstrukturiert und zu frei von allen Werten.

Das Resultat ist ein sprachlicher Binnenkosmos, der entsteht, indem nur wenig von außen hineindringt. Es ist ein kultureller Cocoon, in dem sich eigenes Sozialisationsgeschehen abspielt. Damit verdichtet sich Kirche immer stärker in sich selbst und gleichzeitig werden die Barrieren für Außenstehende immer größer. Es wird zunehmend schwieriger, Teil von Kirche zu werden, wenn man nicht schon immer Teil von Kirche war.

Schwierigkeiten machen dabei denen, die Teil des Ganzen sind, nur die Situationen, in denen man plötzlich mit Menschen kommunizieren muss, die weit außerhalb des Systems stehen. Diese erleben dann den berühmten Kirchensprech, mit dem sich niemand wohl fühlt. Aber zum Glück, sind diese Gespräche allzu schnell wieder beendet.

Am Ende war es wohl zu einfach, Machtfantasien, Angst und fehlendes Gefühl für Relevanz allein für die seltsame Sprache innerhalb der Kirche verantwortlich machen zu wollen. Denn normalerweise würde ich in solch einem Fall empfehlen, in neuen Räumen zu sprechen, den eigenen Auftritt neu zu choreografieren und sich selbst in seinem Text zu überprüfen. Aber all diese Optionen stehen beim Sprechen von Gott nicht zur Verfügung. Liturgie ist fest gefügt, der Raum in seiner Struktur vorgeprägt, und auch der Text ist 2.000 Jahre alt.

Das Aufbrechen kirchlicher Sprachlosigkeit darf nicht an der Oberfläche stehen bleiben, man muss tiefer blicken in das, was Kirche ausmacht.

Die Frage bleibt offen, warum es dennoch manchmal gelingt, dass Texte über Gott in unsere kirchenferne Welt durchdringen und wie es gelingen kann, dass das öfters geschieht.

Der alte Mann

Ich muss zur Bahn. Es ist schon wieder viel zu spät. In wenigen Minuten muss ich den ICE am Kölner Hauptbahnhof erreichen. Verpasse ich ihn, komme ich zu spät zu einem Termin in Süddeutschland. Es regnet – wie so oft in Köln. Wie viel zu oft in Köln. Ich habe ein Loch in die Sohle eines Paares alter Turnschuhe gelaufen. Wasser dringt in meinen Schuh, die Socken werden nass. Ich bin genervt.

Taxis fahren an mir vorbei. Sie fahren so schnell, dass das Wasser von der Straße bis weit auf den Bürgersteig spritzt. Links und rechts reihen sich belanglose Bürogebäude aneinander. Banken und Versicherungen, die IHK, und links im Gebüsch versteckt sich der Bischofssitz. Gegenüber einer Maredo-Filiale kommt mir ein alter Mann entgegen. Ich bemerke ihn nicht, bis er mir schließlich im Weg steht und mich auffordernd anlächelt. Ich schaue ihn verwundert an. Offenbar setzt er an, mit mir zu sprechen und sagt auf Englisch: »Excuse me, please.« – »Oh, ein Tourist«, denke ich, »der sucht bestimmt irgendetwas. Der wird ja wohl nicht den Dom suchen, den findet man allein. Weiß ich überhaupt die Antwort, aber ich kann den jetzt auch nicht stehen lassen.« – Er fragt: »Do you speak English?« Er hat eine tiefe durchdringend-nette Stimme wie ein Hörbuchsprecher. Es macht Spaß ihm zuzuhören. Noch dazu spreche ich gerne Englisch und darum antworte ich ihm, »sure«.

Daraufhin lächelt er mich noch mehr an. Ich lächle zurück. Er hat sehr große Ohren, wie alte Männer sie manchmal haben. Der alte Mann setzt an und sagt in freundlich verschmitztem

Ton mit seiner tiefen, wunderschönen Stimme: »Do you know, that Jesus loves you?« – Sein Satz – »weißt Du, dass Jesus Dich liebt« – trifft mich völlig unvermittelt. Kurz bin ich verdutzt, dann völlig entnervt. Ein missionarischer Opa aus den USA. Na toll, und dafür bleibe ich in meiner Eile im Regen stehen, um zu helfen. Ich antworte nach einer sehr kurzen Pause in genervtem Ton: »Oh yes, of course!«, drehe mich um, lasse ihn stehen.

Schnell gehe ich weiter, doch sein Satz geht einfach mit. Während ich den alten Mann längst hinter mir gelassen habe, hallen seine Worte immer weiter nach. Was wollte er von mir? Was wäre eigentlich sein nächster Satz gewesen? Hätte er mir eine Bibel in die Hand gedrückt? Warum macht er das in einer fremden Stadt in einer fremden Sprache? Warum bei Regen, warum in der Nähe des Hauptbahnhofs? Was treibt diesen Mann an, mir solch einen Satz zu sagen.

Viel mehr als die Worte des alten Mannes wundere ich mich über meine eigene Antwort: »Oh yes, of course!« – »Oh ja, selbstverständlich!«. Warum habe ich ihm das geantwortet? – So selbstverständlich finde ich diese Antwort gar nicht. Dazu ist mein Glaube viel zu unstet, viel zu fragmentiert in Momentaufnahmen, viel zu zerrüttet vom Zweifeln. »Oh ja, selbstverständlich« statt wortlosem Weggehen.

Besonders macht den Satz des alten Mannes die Art wie er ihn spricht. Er fügt ihn ein in ein alltägliches Gespräch. Er weckt eine Erwartung, die in eine ganz andere Richtung weist. Er gibt mir den Eindruck, er frage meine Hilfe an und überrascht mich dann mit einem Satz, der keinem anderen Zweck dienen kann, als mir zu helfen. Er spricht ihn nicht in seltsamem Ton, nicht in der Art, wie verrückte Straßenprediger sonst sprechen, nicht mit seltsamen Wortbetonungen, wie er in Kirchen gesagt würde. Er sagt ihn ganz nebenbei, ganz freundlich, ganz nahbar. Ein seltsamer Satz und eine seltsame Begegnung. Ein kurzer Moment, in dem mir klar wird, dass das Sprechen von Gott auch mich erreichen kann. Ich verstehe die Welt nicht mehr.

Rettungsanker

»Na, Gott sei Dank«, denke ich, als ich die Nachricht lese. Der junge Priester schreibt mir auf Facebook wie es gelaufen ist. Seine Predigt war erfolgreicher, als er gedacht hatte. Einige der Entscheidungsträger sind zu ihm gekommen, um ihn zu loben, und einer – was mich besonders freut – hat sauer den Raum verlassen. Immerhin, er hat ihn erreicht.

Wenigstens ein Hoffnungsschimmer. Nicht alles, was ich sage, ist völliger Unfug. Immerhin hat er jetzt einmal die Erfahrung gemacht, dass ein Verkündigungstext jemanden erreichen kann. Wahrscheinlich ist er noch besorgt über denjenigen, der gegangen ist. Aber wenn man jemanden so sehr in Zorn versetzt, dass derjenige geht, dann kann man sich sicher sein, dass dieser Mensch noch lange über die Worte nachdenkt, die ihn so sehr in Rage versetzten. Weil diese nicht beleidigend sind, sondern schlicht treffend, wird langfristig dieser Text dazu beitragen, dass dieser Mensch über manches neu nachdenkt. Halleluja!

Nach dem alten Mann ist das gleich die zweite positive Erfahrung mit dem Sprechen von Gott. Die eine habe ich gemacht, die andere der junge Priester. Dann sind wir schon zwei und das ist immerhin ein Anfang.

Wirksamkeitserfahrungen mit dem Sprechen von Gott scheinen mir ein Schlüssel dazu zu sein, dass Theologinnen und Theologen sich wieder zutrauen mit ihren Worten Glauben im Gegenüber anzuregen. Und zwar mit treffenden und passgenauen Worten und nicht mit der Schaffung von Leerräumen, in denen man so viel Platz für Emotionen schafft, dass man hoffen kann, das Gegenüber würde sich Gott schon irgendwie erspüren.

»Weißt du, dass Jesus Dich liebt?« Eine so brillante Frage. Vor allem genau dann, wenn Wasser gerade in den Schuh sickert. Genau dann, wenn man gerade sowieso mit sich, der Welt, Gott und seinen Priestern und dieser verdammten Sprache, die sie sprechen, hadert. Treffer versenkt!

Übrigens erfahre ich ein paar Tage später, als ich im Brauhaus das Kapitel mit dem alten Mann vorlese, um Feedback zu erhalten, dass der Opa mit den großen Ohren das ständig macht. Er fragt dauernd Leute, ob sie wissen, dass Jesus sie liebt. Im Grunde ist das egal, denn bei mir stellte er die richtige Frage im richtigen Moment.

Eigentlich müsste jeder, der predigen soll, so treffende Worte erfahren können. Eigentlich müsste jeder mal erleben, wie einer aufsteht und wütend den Raum verlässt, weil man genau das theologisch Richtige gesagt hat. Nur, wie soll das gehen? Ich glaube, die Ausbildung muss sich verändern.

Theatralik

Der alte Mann und seine ganz bodenständige Art mich anzusprechen ist mir noch im Ohr. »Warum sprechen die anderen Priester im Gottesdienst nicht wie beim Bier?« Diese Frage stelle ich einem Priester. Er fragt nach, will verstehen, was ich genau gerade wissen will. Ich kenne diesen Priester schon lange. Er predigt in genau der gleichen Sprache, wie er auch sonst im Alltag spricht und darum ist seine Kirche deutlich voller, als wenn ein anderer Priester dort den Gottesdienst hält.

Er zögert lange mit einer Antwort. – Versucht sich immer wieder neu an das Thema anzunähern und verwirft dann den Gedanken. Meine Frage zu beantworten, fällt ihm sichtlich schwer. Dann sagt er irgendwann ein einziges Wort: Theatralik.

Im Gottesdienst meinen die meisten Priester, sie müssten eine Bühne füllen. Der Gottesdienst müsste der sonstigen Welt entrückt sein. Sie führen ein Schauspiel auf. »Es wird etwas produziert, um eine Geschichte unters Volk zu bringen«, sagt er und meint das gar nicht abwertend. »Man meint, man müsste es so machen. Man meint, man bräuchte diese bestimmte Sprache. Dabei ist es besser ohne.«

Dieses Gefühl, man müsste es genau so machen, setzt sich nicht nur bei Priestern durch. Auch die Lektorinnen und Lektoren nehmen die typisch kirchliche Stimmlage und Betonung an, wenn sie die Texte sprechen. Alle lesen Texte vor und entwickeln dabei eine seltsame Satzmelodie. Nicht weil die Texte komisch geschrieben sind, sondern weil sie seltsam betont werden, klingen sie wunderlich. – Man spricht sie bewusst falsch und meint, man müsse es genau so tun.

Dann frage ich ihn, wieso es ihm gelingt, es anders zu machen. Er meint, er verändere den Raum zu seinen Gunsten. »Ich spreche nie am Ambo. Ich gehe ganz weit weg von dieser erhöhten Position und stelle mich mitten unter die Leute. Ich will so nah dran sein, wie nur möglich.« Diese Nähe löst dann aus, dass er nicht mehr verkündet, sondern direkt mit den Menschen im Gottesdienst spricht.

»Ich habe mir davor Sätze aufgeschrieben, aber ich spreche dann immer frei. Ich muss ja nur den Gedanken behalten, aber nicht den Text vorlesen.« So nimmt er sich die Freiheit, auf diejenigen, die da sind, zu reagieren. Das Feedback auf diese Predigten ist ein positives. Sie werden geschätzt und geliebt. Viel mehr, als die der anderen Prediger. Das ist Teil des Problems.

»Natürlich wird man schräg angeschaut.« Wenn man anders predigt als die anderen, dann hebt man sich ein Stück weit von ihnen ab. Ist dann das Feedback positiv, dann erhebt man sich gar über sie. »Man exponiert sich selbst und bekommt schon bald komische Anfragen von den Kollegen«, berichtet er mir. Ich schließe daraus, dass es eine Kultur der Gleichrangigkeit innerhalb der Kirche gibt. Das Wort der »Brüder« unter den Priestern unterstreicht das. Keiner von diesen Brüdern soll besser sein als die anderen. Das Risiko ist nur, dass so Strukturen geschaffen werden, die alle ausbremsen, weil sich keiner voranwagen kann, ohne die Missgunst der anderen zu ernten.

Ich will wissen, wie es dazu kommt, dass Priester so seltsame Betonungen beim Predigen einsetzen. Man macht es nicht dem Bischof nach, da ist er sich sicher. Der ist beim Predigen meist kein Vorbild, weil er in einer anderen Rolle spricht und allen klar ist, dass diese Rolle zu begrenzt ist, um wirklich nah bei den Menschen zu predigen. Der Bischof kennt keinen, wenn er in eine Gemeinde kommt. Daher kopiert man ihn auch nicht. Es ist eher ein Lernen untereinander. Man schaut es sich bei den Kollegen ab.

In der Priesterausbildung bekommt man noch gute Ratschläge und gutes Training, um es anders zu machen, als es in den meisten Predigten klingt. Da kommen Menschen aus Funk und Fernsehen und trainieren das gute Sprechen vor Publikum mit den jungen Priestern. Man lernt das Sprechen von Schauspielern, aber diese haben eine ganz andere Profession als man selbst. Sie spielen etwas vor, statt etwas zu sein. Sie haben einen Beruf und keine Berufung.

Kommt man dann in die Ausbildungsgemeinde und erlebt dort einen gestandenen Priester im Umgang mit der Gemeinde, dann ist schnell vergessen, was man in der Ausbildung vom Schauspieler gelernt hat. Der ältere »Bruder« wird zum Vorbild und nicht der Schauspieler. So eifert man denjenigen nach, die Sätze falsch betonen, weil sie andere Dinge im Priesteramt besonders gut können. Ihre Predigten mögen seltsam klingen, aber sie sind gute Priester und überzeugende Seelsorger, und da ist es erstrebenswert, ihnen nachzueifern. Wie genau soll man am Anfang seiner Tätigkeit in der Gemeinde entscheiden, was genau einen Beitrag dazu leistet, ein guter Priester zu sein und was nicht? – So kopiert man eben möglichst viel und nicht immer genau das Richtige.

Je mehr ich mich mit dieser Beobachtung beschäftige, desto eher komme ich zu dem Schluss, dass nicht Schauspieler das Schauspiel unterrichten sollten, sondern, dass diejenigen Priester, die herausragend zu sprechen wissen, das Predigen lehren sollten. So trifft man in der Ausbildung nicht auf einen, der eine Rolle spielt, sondern auf einen, der eine Rolle lebt. In der Konsequenz könnte es gelingen, dass diejenigen, die eine Priesterrolle leben, klingen, als würden sie die Rolle nicht spielen.

NÄHE

Die Fremden

Der erfolgreiche Priester geht auf die Menschen zu und spricht dann ganz nah bei ihnen. Ich überlege, wann ich in meinem Alltag kirchlicher Kommunikation ganz nah begegne. Ist da irgendwo irgendjemand, der zu mir kommt, der nahe bei mir steht und von Gott spricht? Mir fällt nichts ein. Übersehe ich es einfach nur, oder ist da wirklich nichts?

Kommunikation muss verwundern, irritieren oder erschrecken, um zu jemandem durchzudringen, der sich gerade nicht mit dem Thema dieser Kommunikation sowieso schon beschäftigt. Es ist problemlos möglich, sich durch unsere Welt zu bewegen, ohne die Kommunikation von Kirchen zu bemerken.

Ich selbst wohne in der Kölner Innenstadt nur einen Steinwurf vom Kardinal entfernt neben einem alten Kloster. In meiner Straße gehört beinahe jedes Haus einer katholischen Institution. Morgens höre ich den Dom genauso wie die umliegenden Kirchen läuten. Einmal im Jahr erhalte ich ein kleines schwarzweiß gedrucktes Heftchen meiner Kirchengemeinde. Dennoch, im Alltag bemerke ich sie nicht. Ich gehe meine Straße entlang, ohne Plakate in den Fenstern zu bemerken. Egal welche Aktion, welche Kampagne oder welches Thema in der Kirche gerade »gefahren« wird, ich bekomme es schlicht nicht mit.

Der Grund ist so einfach wie traurig: Mein Gehirn hat längst gelernt, dass kirchliche Kommunikation nie spannend ist und blendet sie daher einfach für mich aus. Das ist ein ganz normaler kognitiver Vorgang. Wir nehmen nur wahr, was es wert ist, wahrgenommen zu werden. Bei dieser Aussage handelt es sich nicht um Arroganz oder Herablassung gegenüber kirchlicher Kommunikation, sondern um eine schlichte Beschreibung der mentalen Erfassung von Wirklichkeit durch unser Gehirn. Wir entscheiden nicht bewusst, was wir wahrnehmen, sehen oder hören, sondern unser Unterbewusstsein filtert die unendlich vielen Reize und legt uns nur die relevantesten vor. Wird ein ähnlicher Reiz immer wieder als uninteressant erkannt, wird er auch in Zukunft nicht mehr dem Bewusstsein angezeigt.

Auf diese Weise maximieren wir Relevanz und schützen uns davor, dass Reizüberflutung uns vom Wesentlichen ablenkt. Stellen Sie sich einfach vor, Sie würden im Straßenverkehr jedes fallende Blatt von einem Baum, das auf Sie zufliegt, gleichrangig mit einem auf Sie zukommenden Auto wahrnehmen. Sie wären schneller in einen Unfall verwickelt, als Ihnen lieb ist. Der Grund, warum Sie sich mit dem herannahenden Auto beschäftigen, ist, dass dieses sich bewegende Gebilde von Ihrem Gehirn als relevanter eingeschätzt wird, als das sich ebenfalls auf Sie zubewegende Blatt. Ausschlaggebend für diese Bewertung sind ganz unterschiedliche Faktoren: Das Auto ist größer, es ist lauter, und es ist in ihrem Gehirn als beachtenswert gespeichert. All diese Faktoren zusammen ergeben, dass Sie ein solches Auto als relevant betrachten. Interessanterweise tun Sie das nicht mit jedem Auto. Wenn Sie auf dem Bürgersteig in Sicherheit die Straße entlanggehen, dann nehmen Sie die Autos neben sich nicht wahr. In dieser Situation fällt Ihnen ein Fahrradfahrer eher auf, als ein vorbeifahrendes Auto. Sprich, die Frage, was gerade relevant ist, ist nicht absolut, sondern immer abhängig von Zeit, Ort und Situation, in der Sie sich befinden.

Wenn ich morgens vor meinem Briefkasten stehe und nichts weiter tue, als meine Post zu sortieren, dann fällt mir der Gemeindebrief auf – was nicht heißt, dass er nach dem Auffallen auch mein Interesse gewonnen hat. Wenn ich die Straße entlanggehe, dann ist fast alles relevanter als die Plakate, die in den Fenstern der kirchlichen Einrichtungen hängen.

Der alte Mann, der mich mit seiner Frage, ob ich wisse, dass Jesus mich liebt, so irritierte, machte sich durch die direkte Ansprache zur relevantesten Sache in diesem Moment. Er hatte verstanden, dass man Relevanz maximieren kann. Ein Vertreter oder eine Vertreterin der großen Kirche hat mich jedoch noch nie auf der Straße einfach angesprochen. Zu diesen Organisationen muss man gehen. Sie sind offene Häuser für Menschen, die kommen wollen, aber sie sind fast nie mobile Einrichtungen, die Menschen aufsuchen, um mit ihnen in Kontakt zu kommen.

Man kann sich als offenes Haus konzipieren, dann aber muss es mir gelingen, dass ich ein Magnet für Menschen bin. Es muss Gründe geben, dass ich von außen in genau dieses Haus will statt nur vorbeizugehen. Wenn man es geschafft hat, das Haus zu betreten, dann muss dort etwas passieren, was sich im Gedächtnis festsetzt und dazu anregt, weiter darüber nachzudenken oder wieder zu kommen.

Eine Freundin erzählt mir von einem evangelischen Projekt in Stuttgart. Es ist der Versuch, an neue Zielgruppen mit einer neuen Form des offenen Hauses heranzukommen. Das Projekt nennt sich Nail X. Ich frage mich, warum in letzter Zeit alles, was christlich modern sein will, immer irgendein englischer Begriff plus ein X ist. Vermeintlich soll das cool klingen. Tut es aber nicht.

Nun ja, zurück zur Sache. Nail X ist ein Nagelstudio in Stuttgart. Dort kann man seine Nägel machen lassen. Ich erwähne es mit Absicht, weil es sich um eine christliche Einrichtung handelt. Dort wird also nicht vorgegeben, man sei etwas, sondern man ist genau das, was man verspricht: Ein ganz normales Nagelstudio. Auf der Website findet sich kein Hinweis auf Gott, sondern einer auf die Öffnungszeiten und Preise. Nicht die Preise fürs Beten, sondern die Preise für eine Gelmodellage. Was auch immer das sein mag. Wenn ich ehrlich bin, ist Nagelpflege kein Expertengebiet von mir.

In diesem Nagelstudio passiert nichts Besonderes. Es setzen sich Menschen lange hin, um ihre Nägel aufmotzen zu lassen, und dabei hat man viel Zeit, sich zu unterhalten. Wenn man dann als Nagelstylistin – heißt das so? – gefragt wird, wie man zu diesem Job kommt oder wofür man sich interessiert oder warum man selbst keine speziellen Nägel hat, die ins Auge stechen, dann erzählt man von sich und davon, dass man das wegen Gott macht. »Wegen Gott?« – »Warum das denn?« – den Rest des Gespräches können Sie sich vorstellen. Das Interesse eines Gegenübers ist geweckt, das sonst niemals in die Kirche gekommen wäre.

»Viel zu materialistisch! Jetzt sollen wir auch noch Nagelstudios aufmachen?!« – Ich höre ihn schon vor meinem inneren Ohr, den theologischen Widerstand. »Was hat das noch mit Jesus Christus zu tun?« Wenn Sie mich fragen, dann recht viel:

Das Netz des Simon Petrus ist mitten am Tag voller Fische. Ein Wunder, das sich der einfache Fischer nicht hat vorstellen können und das ihm Angst macht. Jesus nimmt ihm die Angst und weist ihm den Weg, ein Menschenfischer zu werden. (Lukas 5, 1-11)

Wer kennt sie nicht, die alte Geschichte von den vollen Netzen? Sie kommt wohl früher oder später in jedem christlichen Religionsunterricht vor. Die Botschaft ist einfach: Verlasst den Weg, den ihr seither gegangen seid und wendet euch Gott und den Menschen zu statt den materiellen Fischen. Seltsam, denn die Geschichte geht völlig anders.

Mir begegnet die Bekehrung des Simon Petrus in den Tiroler Alpen. An der Wand hängt neben einem Holzkreuz eine klassische Petrus-Ikonografie. Sie zeigt den Apostel mit einem Netz voller Fische. Logisch, denn er ist der Schutzpatron der Fischer und Angler. Warum nur ist sein Netz nicht voller Menschen?

Manchmal ist es hilfreich, die Dinge nicht vom Ende her zu denken, sondern sie Schritt für Schritt chronologisch durchzugehen. Tut man dies im Falle dieser Bibelgeschichte, kann man zu neuen Schlussfolgerungen über einen erfolgreichen Bekehrungsmechanismus kommen.

Am Anfang steht nicht der Menschenfischer. Am Anfang steht nicht eine religiöse Weisheit. Am Anfang steht da schlicht eine Gruppe frustrierter Fischer, die in der Nacht keinen Fisch gefangen hat. Sie sind arm und geplagt von Mangel und Frustration. Zu diesen Menschen tritt Jesus und liefert keine oberschlauen Weisheiten von »Prüfungen Gottes«. Er fordert nicht auf, zu beten, damit es in Zukunft besser werde, und er sagt nicht »selig sind die Armen, denn ihnen gehört das Himmelreich«. Seine Botschaft ist eine andere. Er schließt sich den Fischern an und zeigt ihnen, wie sie die Netze so voll machen, wie noch nie zuvor.

Stopp, halt, so geht das nicht! Der kann doch nicht einfach die materialistische Orientierung der Fischer bedienen! Wieso erklärt er ihnen nichts von nachhaltiger Fischerei, und warum sagt er nichts davon, dass der Materialismus nicht das Wesentliche im Leben ist? Warum zeigt er den Fischern nicht, dass Bildung wichtiger ist, als schnell zu Reichtum zu kommen? Ist der denn kein guter Christ und Theologe?

Die Theologie von heute ist antimaterialistisch. Sie hinterfragt kritisch die Konsumgesellschaft, prangert Primark und McDonalds an. Die Kirchen betreiben Fair Trade Shops, und die katholischen Bildungshäuser legen großen Wert auf regionales, saisonales und biologisches Essen. Ein Angebot der kritischen Selbstüberprüfung in Form von Exerzitien und Bildungswochen reiht sich an das nächste. Stets gilt es, dass der Intellektuelle mithilfe der Kirche noch ein bisschen intellektueller werden kann

Und Jesus? – Der fischt entgegen allen Prinzipien der Nachhaltigkeit und völlig verantwortungsvergessen einen ganzen See leer. Er schüttet einen Berg von Fischen auf. Er gründet quasi einen eigenen Primark mit integrierter McDonalds-Filiale. Warum?

Mit diesem »warum?« bin ich viele Stunden unterwegs. Eine Bergwanderung mit Zeit zum Nachdenken in wilder, rauer Natur. Es dauert lange, bis ich den Mechanismus durchdringe, aber am Ende im Tal bin ich mir sicher, dass man so Menschen überzeugen kann.

Der Mechanismus lässt sich auf eine einfache Formel bringen: »Gönnen können, ohne selbst zu nehmen«. Ein Prinzip, bei dem man anerkennt, dass der Materialismus des Gegenübers ein ernst zu nehmendes Bedürfnis ist. Diesem setzt man kein Alternativkonzept entgegen, sondern man nimmt die Perspektive des Gegenübers selbst ein. Man bedient das materialistische Bedürfnis des Anderen, ohne dessen Wert, dessen Sinn, dessen Wirkungen zu hinterfragen. Das Besondere ist, dass man zwar den Materialismus des Gegenübers vollumfänglich bedient, jedoch sich selbst nichts nimmt.

Jesus gibt den frustrierten Fischern einen Berg von Fischen, um sie glücklich zu machen. Er selbst nimmt sich den Berg Fische nicht. Er tritt damit den Beweis an, dass es ihm möglich ist, die materialistische Perspektive anzuerkennen und einzunehmen und zeigt gleichzeitig, dass er dies dennoch nicht übernimmt. Dadurch wird eine Differenz sichtbar. Denn das, was dir so viel bedeutet, bin ich bereit dir zu geben, aber offensichtlich bedeutet es mir nicht dasselbe. Ein guter Grund nachzufragen – genau wie im Nagelstudio Nail X in Stuttgart-Mitte.

Der einfache Mechanismus »Gönnen können, ohne selbst zu nehmen« bewirkt zweierlei. Er schafft Sympathie, weil man als Materialist bekommt, was man sich wünscht. Und er schafft gleichzeitig Glaubwürdigkeit für die eigene, unterschiedene Perspektive, weil man sich selbst nicht bedient.

Eine Person, die jemandem gibt, was er sich wünscht, ohne sich selbst das Gleiche zu nehmen, löst zwangsläufig eine Irritation aus. Denn es steht die Frage im Raum, wieso jemand, der mir so viele Dinge geben kann, nicht selbst diese Dinge wünscht? – Da Lernen das produktive Umgehen mit Irritationen ist, können wir davon ausgehen, dass die Frage auch irgendwann gestellt wird. Und in dem Moment kann die eigene Position in den Vordergrund treten und ihre Überzeugungskraft entfalten.

Was heißt das für die Kirche von heute?

Die Kirche ist Bannerträgerin der eigenen Perspektive auf die Welt. Sie ist damit aber nur ansprechend für diejenigen, die bereits dieselbe Perspektive eingenommen haben. Sie bleibt fremd und ablehnend für jene, die sich noch ganz dem Materiellen hingeben. Denn wieso sollte ich in eine Kirche gehen, in der das, was mir wichtig ist, von Anfang an infrage gestellt wird?

Tiefe

Kontakt muss niedrigschwellig organisiert werden, aber der religiöse Inhalt darf nicht banal werden. Nahbarkeit darf nicht heißen Substanzlosigkeit.

Ich fühle mich ständig unterfordert. Das könnte daran liegen, dass ich mich viel mit Theologie beschäftige – aber meinem Vater geht es genauso, und der tut das nicht.

Man traut mir nicht zu, einem komplexen Gedanken zu folgen. Ich werde beim Sprechen von Gott vom Prediger wie ein Kleinkind durch einen Gedankenraum geführt. Ich fühle mich nicht ernst genommen. Wenn Gott so kurz gesprungen denkt, wie er verkündet wird, dann wundert mich nichts mehr in der Welt. Ich würde gerne mehr Tiefgang erleben, aber ich höre Texte, die auch auf ein Küchenkalenderblatt passen würden.

Die Buchhandlungen sind voll mit Büchern über Sinn, Glaube und Spiritualität. Ganze Regalwände gibt es zu diesem Thema. Die erfolgreichen erzählen die Geschichten von Menschen, die zweifeln und verzweifeln, die um Orientierung ringen und immer wieder mit sich hadern. Sie sind komplexer als die Botschaft »alles wird gut« oder »der Herr ist mit uns«. Sie fordern heraus, statt einzulullen.

Die Gottesdienste sind voll mit Texten über Gott. Texte, die viel zu lange, sind für den kleinen Punkt, den sie machen wollen. Es dauert keine dreißig Sekunden, um zu verstehen, worauf sie hinaus sollen und dann geht der Text noch unendliche zwanzig Minuten weiter.

Religiöse Vermittlung ist so oft so komplex. Ich fühle mich ständig überfordert. Das könnte daran liegen, dass ich mich zu wenig mit Theologie beschäftige – aber meine Theologenfreunden geht es genauso, und die tun das.

Wenn Joseph Ratzinger einen Text verfasst, dann steh' ich wie der Ochs vorm Berg. Nichts, aber auch gar nichts kann man mal eben leicht daran verstehen. Der Uniprofessor nimmt sich das Recht, sich in seiner Funktion als Geistlicher zu Wort zu melden. Da hagelt es Fremdworte und Einsprengsel aus Philosophie- und Theologiegeschichte. Man muss so viel wissen, um zu verstehen, was er mir zu verstehen geben will. Niedrigschwellig ist anders.

Es sind genau diese beiden Extreme, die ich in der Kirche erlebe. Nicht nur bei prominenten Predigten, sondern an ganz vielen Stellen. Oftmals werden Dinge gesagt, die so langweilig sind, weil sie keinen Tiefgang haben, und in anderen Fällen werden die Dinge so kompliziert ausgedrückt, dass man sie einfach kaum mehr verstehen kann. Der Kirche zuzuhören ist, als wandle man zwischen dem Vorlesungssaal von Habermas und der Kindertagesstätte Pusteblume hin und her. In beiden Fällen bin ich fehl am Platz.

Ich wünsche mir den universitären Tiefgang auch in der allgemeinen religiösen Verkündigung – nur eben so versprachlicht, dass man ihn versteht. Dafür muss man sich nicht beim Inhalt dumm stellen, sondern nur in der Wortwahl und der Satzkonstruktion. Auch ich kann Dinge so kompliziert ausdrücken, dass sie niemand versteht – aber dennoch: Ich gebe mir redlich Mühe, für jedermann verständlich zu bleiben, auch wenn ich die inhaltliche Oberfläche verlasse.

Die Theodizee wäre ein wunderbares Predigtthema. Die Frage nach dem Leid in der Welt. Sie beschäftigt wohl besonders in diesen krisenbehafteten Tagen viele Menschen. Man darf sie mit so viel Tiefgang und Zweifel bearbeiten wie notwendig ist. Man darf sich sogar selbst entblößen als jemand, der nicht weiß, wieso wir all das ertragen müssen. Man kann gar die alte jüdische Tradition der formalen Gerichtsverfahren gegen Gott, wie Elie Wiesel sie in seiner Autobiografie beschreibt, zitieren, um das Kirchenvolk ganz zum Nachdenken zu bringen. Nur auf das Wort Theodizee sollte man verzichten – gänzlich, es braucht nämlich kein Mensch.

Ich habe eine solche Predigt einmal erlebt: Es war in einer Friedhofskapelle in einem Trauergottesdienst. Die Verstorbene war jung – viel zu jung. Ihr Tod kam nicht nach langer Krankheit, sondern ganz überraschend. Es war ein ungerechter Tod. Der ungerechteste, den man nur sterben kann.

Das Mädchen hatte einen Freund. Sie war die erste Freundin im Leben dieses jungen Mannes. Er hatte im wahrsten Sinne die Liebe seines Lebens verloren.

In seiner Trauer war er nicht allein. Die Familie der Verstorbenen hatte diesen jungen Mann fest integriert. Im Trauergottesdienst saß er direkt neben seiner »Schwiegermutter«. Sie hatte den Arm um seine Schulter gelegt. Obwohl sie selbst fassungslos über den Tod ihrer Tochter war, gab sie ihm Kraft.

Schon seit einer Weile sprach der Priester Worte des Trosts zur Trauergemeinde. Dann drehte er sich in die Richtung des Jungen. »Und nun wende ich mich direkt an Dich. Du sitzt jetzt im Arm der Mutter Deiner Freundin. Es ist gut, wenn Du jetzt mit ihnen trauerst, aber ich sage Dir auch: Du darfst Dich wieder verlieben. Du darfst eine neue Freundin finden und Dich von ganzem Herzen neu verlieben. Du darfst einen anderen Menschen lieben, ohne die Freundin verraten zu haben, um die Du nun trauerst. Du darfst sie und ihre Familie gehen lassen. Du darfst ein Leben leben.«

Natürlich brach der Junge in Tränen aus und verlor vollkommen die Fassung – ich auch. Ich konnte nicht verstehen, wieso dieser alte Priester diesem Jungen diesen Text angetan hatte.

Nach der Beerdigung fragte ich einen Freund von mir, der ebenfalls Priester ist, wie er das fand. Er meinte, »gut«. »Warum?«, wollte ich wissen und er antwortete mir: »Ich hätte mich das nicht getraut, aber dieser Priester hat sehr viel Erfahrung und ich glaube, er hat diesem Jungen in dem Moment Worte gesagt, die für den nochmals sehr wichtig werden.«

Der alte Priester hatte über die Theodizee gepredigt, sodass es jeder verstehen konnte – mit Tiefgang und so, dass ich selbst es nicht mehr vergessen kann.

Tote Räume

Viel von dem, was Menschen wichtig ist, wird von Kirche infrage gestellt. Fast alles sogar. Kirche konfrontiert mit ihrer ganzen Welt fast alle Menschen. Wenn man solch eine Position beziehen will – wenn man sich ganz und gar in Opposition zum Leben der anderen sieht, dann muss man sicherstellen, dass sich das Gegenüber dennoch in meinen Räumen noch willkommen fühlen kann.

Wenn ich Städtereisen unternehme, dann schaue ich mir oft Kirchen an. Nicht immer zum Wohlgefallen meiner Mitreisenden. Ich betrete diese offenen Häuser – wenn ich Glück habe, sind sie nicht verschlossen – und lass sie auf mich wirken. Das Erste, was mir dabei auffällt, ist, dass andere, die ebenfalls in der Kirche sind, mich stets stören. »Ich habe eher das Gefühl, dass ich da störe«, sagt mir eine junge Ministrantin, als ich mit ihr über diese Erfahrung spreche. Wahrscheinlich geht es auch Ihnen so wie mir oder wie ihr. Entweder sie haben den Eindruck zu stören oder den Eindruck gestört zu sein. Zufrieden ist man im Grunde zusammen mit den anderen nie. In einer Kirche hegt man den Wunsch in Ruhe gelassen, allein gelassen, für sich zu sein. Im Grunde seltsam. Man stelle sich ein Gebäude irgendeiner anderen Großorganisation vor, in dem man sich freuen würde, ganz allein zu sein. Weder auf einer Behörde, noch in einem Vereinsheim, in keinem Fußballstadion und in keiner Kneipe möchte man alleine und möglichst distanziert von anderen sein. Diesen Wunsch weckt ganz allein eine Kirche und das gänzlich unvermittelt direkt nach dem Durchschreiten des Kirchenportals.

Die Schwierigkeit ist, dass je bekannter die Kirche ist, desto schlechter sich dieser Wunsch erfüllen lässt. Hier in Köln im Dom geht er gar niemals in Erfüllung. Egal zu welcher Uhrzeit man den Dom betritt, stets ist man umwuselt von Hunderten anderen, die gerade auch den Dom in ihre Touristentour durch Köln integriert haben.

Das Ergebnis ist, dass man durch die großen Kathedralen der Christenheit mit einem Gefühl der beständigen Störung durch die anderen geht und dabei kaum die Möglichkeit hat, den Raum auf sich wirken zu lassen. Müsste eine Gemeinschaft des Glaubens nicht ein kollektives Gefühl des Zusammenhalts und des Miteinanders in ihren Räumen entstehen lassen? – Den Wunsch nach Gespräch statt Einsamkeit?

Ich kenne einen seltsamen Raum. Dieser Raum befindet sich im Museum für moderne Kunst in Reykjavik. Er wurde gestaltet von der isländischen Künstlerin Kathy Clark, von der ich zuvor noch niemals etwas gehört hatte. Der Raum ist nur rund dreißig Quadratmeter groß und voller Teddybären. Er heißt »bears; truth …« Fast jeder, der diesen Raum betritt, muss kurz auflachen – So auch ich.

Das Fell der Bären ist mit Wachs zerzottelt. Diese Behandlung gibt den Bären etwas verbrauchtes, aber gleichzeitig ermöglicht das Wachs, die Bären zu Skulpturen aneinander zu kleben. Und so findet man in diesem Raum Pyramiden aus Panda-Stoffbären, einen Spiegel, der umrahmt ist von Bären mit goldenen Krönchen, man findet kuschelnde und tanzende Bären und, egal in welche Richtung man blickt, man findet immer noch mehr und immer wieder andere Bären.

Durch diesen Raum geht man plaudernd, freut sich, kichert. Die Menschen im Raum zücken ihre Handys und machen Selfies mit sich und den Bären. Einige verlassen amüsiert schnell wieder den Raum, andere bleiben etwas länger.

Wenn man sich Zeit nimmt und von Teddybärinstallation zu Teddybärinstallation geht, dann beginnt man sich ganz langsam zu wundern. Manch einem Teddy fehlt ein Auge, andere haben Pflaster über Wunden im Stoff. Einigen fehlt der halbe Körper, und das Futter quillt aus dem Fell heraus.

Zwischen all den freudigen Bären mit Gold und Glitzer und in bunten Formen findet sich der eine oder andere Teddy mit Lederfetisch-Kleidung, man findet gefesselte und gefolterte Bären. Tote Bären liegen zwischen den lustigen Bärentürmen.

Die Stimmung beginnt umzuschlagen. Das Auflachen derjenigen, die den Raum betreten, kommt einem zunehmend pietätlos vor.

Immer genauer sehe ich hin und entdecke kleine Textstreifen. Sie folgen den Gedanken eines Kindes. Sie legen die ganze Dramatik dieses Raumes offenbar. Zwischen den Zeilen sieht man immer wieder die Teddybären und beginnt zu verstehen, dass hier unter der freudig-freien Oberfläche kindlichen Seins eine tiefe Verletzung schlummert. Hier wurde einem Kind seine Seele entrissen, und dieses überspielt es noch mit Heiterkeit.

In diesem Raum in Reykjavik ist man in die Psyche eines sexuell verletzten Kindes geraten. Mit jedem neuen verletzten oder gequälten Bären treten die freudigen Teile der Installation immer mehr in den Hintergrund. Sie sind vergessen. Als ich schließlich nach einer gefühlten Ewigkeit aus dem Raum gehen will, ist meine Stimmung zutiefst betrübt. Im Verlassen des Raumes kommt mir jemand entgegen und lacht über die aufgetürmten Teddybären. Er lacht über die Oberfläche kindlichen Spiels und hat noch nicht in die Abgründe erwachsener Tat geblickt.

Dieses Kunstwerk in Reykjavik hat mich mehr beeindruckt als jedes andere zuvor. Es war ein Wechselbad der Gefühle – ein Miterleben eines Schicksals, das nicht mehr los lässt und aufwühlt. Könnten, sollten, müssten unsere Kirchen nicht genau das Gleiche leisten?

Die Grundkonfiguration unseres Glaubens ist der Installation in Reykjavik recht ähnlich. Die Oberfläche sind die Wunder, die Bergpredigt, die Heilungen und Speisungen, die klugen Worte, das gemeinsame Mahl, der tiefe Zusammenhalt, das Miteinander, das Gemeindeleben. Es sind Geschichten, über die man sich freut und die man gerne Kindern erzählt.

Aber hinter diesen Geschichten schlummert der Tod. Der Messias stirbt, wird gefoltert, geschlagen, verurteilt, verspottet und gekreuzigt. Mit Gewalt wird die heile Welt der Anhänger Jesu zertrümmert. Sie bleiben ganz allein in Dunkelheit und Einsamkeit. Sie sind verlassen und voller Kummer. Sie klagen und zweifeln. Erst nach Tagen der Trauer folgt das Wunder der Auferstehung.

RUHE BITTE. So steht es am Eingang vieler viel besuchter Kirchen. Zum Teil gibt es Personal, das einen ermahnt, bloß nicht zu freudig durch die Kirche zu gehen. Kirchen sind kein Ort, um das Schöne, das Freudvolle, das Wunderbare der Gemeinschaft mitzuerleben. Sie sind Orte der Trauer, einem Grab ähnlicher als dem Leben.

Wir haben den Totenkult in unseren Kirchen so stark zum Mittelpunkt gemacht, dass diese Orte uns genauso gespenstisch-fremd geworden sind wie Friedhöfe.

Friedhöfe sind nicht nur Orte, an denen man Tote beerdigt, sie sind darüber hinaus noch eine Heterotropie des Todes. Bei einer Heterotropie handelt es sich um einen lokalisierbaren Ort, der gewissermaßen außerhalb aller Orte liegt. Er ist nicht nur ein physisch begehbarer Raum, sondern auch in besonderer Weise gesellschaftlich aufgeladen. Ein Ort, an dem etwas stattfindet, was abgetrennt ist vom restlichen Wesen der Gesellschaft. Während die Gesellschaft lebt, ist der Friedhof der Ort des Todes. Dort existieren Trauer, Schmerz, Sterben und Abschied, damit sie in der Gesellschaft nicht allgegenwärtig sein müssen. Im Grunde eine gesellschaftliche Exklave zur Lagerung von Gefühlen, die man im Alltag nicht ertragen will.

Die Funktion des Friedhofs ist so stark im kollektiven Bewusstsein von uns allen verankert, dass mit dem Betreten eines Friedhofes nicht nur unsere physische Anwesenheit verbunden ist, sondern auch eine psychische Veränderung einhergeht. Wir schweigen auf Friedhöfen und gehen langsam, auch wenn wir ganz alleine sind.

Seltsam – in der Kirche schweigen und schreiten wir ebenso. Auch sie ist eine Heterotopie des Todes.

Die Faszination des Raumes in Reykjavik war, dass er einen ganz fröhlichen Zugang geboten hat. Man konnte laut plaudernd, lachend und Fotos machend den Raum betreten und ihn tränenüberströmt wieder verlassen. Der Prozess hin zur tieferen Erkenntnis war ein selbstbestimmter, selbstgesteuerter und auch selbst gedachter. Er wurde nicht erzwungen, nicht angeleitet und nicht eingefordert. Es gab keine RUHE BITTE-Schilder und niemanden, der einen ermahnte, doch etwas taktvoller zu sein, schließlich handle es sich um die Kinderpsyche eines Gewaltopfers. Der Schrecken in Reykjavik war subtil. Das Kreuz in unseren Kirchen ist übermächtig.

Ich denke zurück an den Anfang und an die Mail des Mitarbeiters aus der Diözese: »*Was wir in der Kirche zu sagen haben, wird so oft nicht verstanden. Und dann versuchen wir es noch deutlicher auszudrücken, und dann wird es noch diffuser und wirrer.*«

Dieses Noch-deutlicher-Sagen wird in unseren Kirchenbauten und dem darin erwarteten Verhalten auf die Spitze getrieben. Dominiert vom Kreuz gibt es kein Entdecken des Leiden Jesu mehr, es ist überpräsent. Während immerfort in diesen Räumen

»Gott ist die Liebe« und »Oh, du Fröhliche« gesungen wird, weiß jeder, der eine Kirche betritt, dass man hier zu schweigen, nicht zu lachen und bloß nicht zu viel Freude zu empfinden hat.

Es ist schrecklich, sich so in diesem Raum zu fühlen, denn ich kenne das Innenleben von Kirche doch ganz anders. Ich kenne eine Kirche, in der man lacht.

»Per Sie« und »per Du«

Es gibt zwei große Systeme innerhalb der Kirchen. Das eine ist per Sie, das andere per Du. Ich habe eine ganz Weile nach einer passenden Unterscheidungsformel gesucht, bis ich diese einfache gefunden habe.

Die Kirche, in der man per Sie ist, ist eine Kirche der Tradition und der über Generationen weitergegebenen Form. Sie ist nicht zwangsläufig konservativ, aber in jedem Falle klar geordnet. Wo man per Sie in der Kirche ist, da hält man sich im Kirchenraum mit seinem dominanten Kreuz auf, da wird der Gottesdienst in der Gemeinde gefeiert. Da schweigt man. Da geht man langsam. Da lacht man nie. Wenn man sich überlegt, was der Gottesdienst eigentlich ist, dann kann man kaum verstehen, warum gerade dort alle per Sie sind. Im Grunde ist – mindestens der katholische – Gottesdienst eine intime gemeinsame Essensfeier im vertrauen Kreis. Im Idealbild ein ganz nahes Geschehen, bei dem sich eng vertraute Menschen das Geheimnis des Glaubens gegenseitig weitergeben. Es sollte ein Moment sein, in dem man sich Geschichten von Gott erzählt, miteinander isst und lacht. Andächtig, gottbezogen, aber lustig zugleich. Himmelhochjauchzend und zu Tode betrübt. Ich kann mir nicht helfen, ich finde im Gottesdienst die Freude nicht.

Die schönste Groteske in diesem Zusammenhang ist die Formel »Liebe Brüder und Schwestern«. Sie taucht im Grunde niemals dort auf, wo diejenigen in der Kirche einander wohl vertraut sind, sondern sie ist der Begrüßungssatz für Gruppen, in denen man sich denkbar fremd und fern ist. Je weiter die

Teile der Gruppe voneinander emotional entfernt sind, desto eher wird gesagt »Liebe Brüder und Schwestern«. Man stelle sich diese Familie einmal vor, in der alle Geschwister einander distanziert begegnen, nichts oder nur wenig voneinander wissen, auch nach Jahren des gemeinsamen Lebens sich bei jeder Begegnung möglichst weit voneinander entfernt in einer großen Halle verteilen, ein paar Lieder krächzen, schweigen und immer wieder während der Stille husten. Würden wir dieser Familie nicht dringend empfehlen einen Therapeuten aufzusuchen? – Zumindest aber kann man davon ausgehen, dass die Teile der Familie keinen gesteigerten Wert darauf legen, sich zu begegnen.

In meinem Leben gibt es nur wenige Menschen, mit denen ich per Sie bin. Im Grunde ist es nur der Notar und ein paar Menschen in schwäbischen Kommunen. Der Standardfall meines Lebens ist es, per Du zu sein. In der Kirche ist das anders. In der Gemeinde sind fast alle per Sie. Niemand duzt alle anderen, und stets setzen sich die Gottesdienstbesucher in den Kirchenbänken möglichst weit verstreut auseinander, sodass man für sich allein bleiben kann.

Ich habe keine Sorge, dass die »Per-Sie-Kirche« auch in Zukunft noch lange existieren wird. In ihr würde man sich auch nicht am falschen Ort fühlen, wenn man der Letzte ist, der noch zum Gottesdienst kommt. In dieser Kirche wird eine Infrastruktur des traditionellen Glaubens zur Verfügung gestellt: Gottesdienste, Spende der Eucharistie, Verkündigung und Rituale. Verwaltungsakte des Glaubens.

In der »Per-Sie-Kirche« muss sich in der Form nichts ändern, weil diejenigen, die an ihr teilnehmen nicht die Nähe der anderen suchen. Auch wenn sie noch so oft eine Gemeinschaft des Glaubens beschwören, sind diejenigen, die ausschließlich diese Kirche suchen, wohl die individualistischsten und einsamsten

Figuren im Gesamtsystem Kirche. Ihnen ist die Gemeinschaft egal. Sie bleiben für sich.

Die Zukunftsfähigkeit dieser Kirche kann problemlos durch die Zusammenlegung von Kirchengemeinden gesichert werden. Hauptsache, irgendwo wird ein formal korrekter Gottesdienst abgehalten – ob man die anderen, die dort sind, kennt, ist im Grunde egal. Das Seelenheil kommt mit Priester, Segen und Hostie und nicht durch das Miteinander in der gelebten Gemeinschaft.

Ganz anders ist die Kirche, in der man per Du ist. Sie muss um ihre Zukunft bangen, denn in ihr ist die Nähe und Gemeinschaft das verbindende Element. Auch die Per-Du-Kirche nimmt am Gottesdienst teil und erlebt diesen oft als fremd und kalt. Hier würde man sich Änderungen wünschen. Allein schon, dass man mindestens näher zusammenrückt und den Kirchenraum verkleinert. So muss es nicht wundern, dass diejenigen, die in der Kirche mit vielen per Du sind, oft außerhalb von Kirchenräumen den Gottesdienst feiern.

Die »Per-Du-Kirche« ist die Kirche der Verbände, der Jugendarbeit, der geistigen Gemeinschaften, der Frauengruppen, des Seniorennachmittages, des Asylhelferkreises, der priesterlichen Weggemeinschaften, der kirchlichen Mitarbeiterinnen und Mitarbeiter und geistigen Gemeinschaften. Die Per-Du-Kirche ist auch meine Kirche. Eine Gemeinschaft, die man als Insider kennt und deren Sprache man beherrscht, in der man sich umarmt, wenn man sich begegnet und eng beieinander sitzt statt möglichst weit entfernt.

In der »Per-Du-Kirche« hat man sich nicht nur etwas zu sagen, sondern etwas zu erzählen. Man interessiert sich für mehr als die Botschaft des anderen. Man interessiert sich für die Person, die sie vorträgt. Eine Person mit Licht und Schatten, mit

Hoffnungen, Träumen und Ängsten. Eine Person, die Liebe genauso wie Zorn und Hass empfindet, die kocht und isst und manchmal versehentlich die Suppe versalzt.

Die »Per-Du-Kirche« hat jeweils innerhalb ihrer Gemeinschaft einen sehr persönlichen Charakter. Verletzungen, die in ihr passieren, treffen viel härter, weil dort emotionale Nähe herrscht. Aus dieser Kirche tritt man nicht aus, außer im Zorn, in Wut oder Verzweiflung. Ein solcher Austritt ist nie pures Desinteresse, wie er in der Per-Sie-Kirche vorkommt.

Diese Kirche, in der Nähe herrscht, besteht aus eng verflochtenen Beziehungen, aus Freundschaften, Bekanntheit und Vertrauen. Sie stellt das innere Nervensystem der Großorganisation Kirche dar, das die starren Formen erst mit Leben erfüllt. Das besondere an der »Per-Du-Kirche« ist, dass sie für Menschen innerhalb der Kirche völlig normaler, gelebter Alltag ist, dass sie für Menschen außerhalb der Kirche aber keine wahrnehmbare Oberflächlichkeit besitzt.

Wenn Kirche sich selbst nach außen trägt, dann meist per Sie und in starren Formen. Bischöfe, die man sonst auch im Pullunder trifft, tragen dann pinke Hütchen, Pfarrer, die man auch im T-Shirt am Strand treffen kann, den Priesterkragen. Die Kirche verhält sich kommunikativ so ungeschickt nach außen, dass man dafür nur wenige Vergleiche findet. Es ist, als würde BMW in einer Werbung die Maschinen und Schichtpläne abfilmen lassen, statt eine Person mit Freude am Fahren zu zeigen. Oder als würde Milka versuchen, Kinder von seinem Schmunzelhasen zu überzeugen, indem es die Aluminiumverpackung nicht bedruckt, sondern als Rohmaterial zeigt, das in einem Aluminiumwerk gewalzt wird, ohne zu verraten, dass sich dahinter Schokolade verbirgt.

Was bei kirchlicher Kommunikation meist auf der Strecke bleibt, ist das Leben. Formelsätze werden aneinandergereiht und Bilder gezeigt, bei denen man mehr als dreimal um die Ecke denken muss.

Ich erinnere mich an ein Plakat von Wasser, das durch Hände fließt und versehen war mit dem Text: »Werde was Du bist«. – Ich wüsste nicht, wieso ich nicht sein sollte, was ich bin und wie Wasser in meinen Händen daran etwas verändern könnte. Die Oberfläche dieser Botschaft ist so fern, so fremd, so unnahbar, dass sie – obwohl sie mich duzt – mir immer fremd und per Sie bleiben wird.

Müsste es nicht unser Ziel sein, die Menschen in der Kirche sichtbar zu machen, indem wir sie in den Mittelpunkt rücken?

Menschen im Mittelpunkt

Die Predigt im Gottesdienst ist in den letzten Jahren zu einem sehr formalen Instrument geworden. Sie wird mehr denn je von der Kanzel herab vorgetragen. Denn während früher der oder die Predigende die Menschen in der Kirche noch allesamt sehr genau aus dem Alltag kannte, bricht diese Verbindung zusehends in immer größer werdenden Gemeindezusammenschlüssen und Seelsorgeeinheiten zusammen. So spricht viel zu oft eine fremde Person zu fremden Gläubigen in einer kalten und leeren Kirche.

Ich mache es kurz, es ist nicht möglich, in solch einer Halle gut zu predigen. Es ist nicht möglich, weil die Beziehungsebene nicht mehr intakt ist. Die Gottesdienstbesucherinnen und -besucher wissen zu wenig über die Person, die da spricht, als dass sie sich wirklich dafür interessieren könnten, was dieser Mensch über den Glauben denkt. Und der Prediger oder die Predigerin kennt zu wenige von diesen Menschen gut genug, um mit spielerischer Leichtigkeit mit diesen in Kontakt zu treten.

Dort wo Gemeinden noch klein und intim sind, dort wo noch Nähe zwischen Klerus und Volk besteht, wo man in den gleichen Kneipen sitzt und der eine den anderen abends betrunken nach Hause torkeln sieht, da braucht es keine große Rhetorik, um gut zu predigen, sondern schlicht Liebe zu den Menschen, die hier zuhören. An vielen Stellen gibt es das noch, und dort lebt Kirche auch im Gottesdienst, aber viel zu vielerorts ist das Gegenteil der Fall.

Kirchen sind nicht der einzige Ort, an dem vor fremdem Publikum gesprochen wird. Es gibt Techniken, wie man genau mit diesem Problem umgeht, dass das eigene Publikum mich als Person zu wenig kennt und damit nur schwer in Wallung zu bringen ist. Die Techniken, die dafür notwendig sind, erfordern allerdings großen Mut bei denjenigen, die eine Predigt sprechen. Sie erfordern, dass man die Oberfläche der formalen Kirche durchbricht und im Rahmen eines Gottesdienstes Nähe, Leben, Lachen und Freude zulässt.

Viele Menschen behaupten, ich sei ein charismatischer Sprecher. Zumindest scheine ich meine Sache nicht ganz schlecht zu machen. Ich betrete gerne Bühnen und fülle sie ganz. Mein Publikum bekommt Vorträge zu fachlichen Themen, aber eben auch die richtige Show. Der Grund dafür ist, dass ich mein Publikum nicht kenne und mein Publikum mich ebenfalls nicht kennt. Wenn ich den Menschen, die da sind, mit meinen Thesen im Gedächtnis bleiben will, dann muss ich mich mit diesen in Beziehung bringen. Wir müssen eine ad-hoc-Gemeinschaft bilden. Damit diese entsteht, dränge ich mich als Person den Zuhörerinnen und Zuhörern auf. Dieses Aufdrängen passiert auf allen wahrnehmbaren Ebenen. Die erste ist die schlichte physische Erscheinung. Ich bin ein schlanker Hänfling, der zwar versucht im Fitnessstudio Muskeln anzuhäufen, bei diesem Versuch aber seit Jahren kläglich scheitert. Tipps, wie sich das ändern könnte, sind jederzeit willkommen. Ich sehe zu jung aus, für das was ich sage und trete dazu meist noch im T-Shirt auf. Damit übermittle ich schon, bevor die erste Silbe gesprochen ist, einen impliziten Code. In den Köpfen der Zuhörer entsteht ein Bild von einem Mangel an fachlicher Kompetenz, aber gleichzeitig auch Neugierde auf das Großmaul, das da jetzt kommt.

Die zweite Ebene ist die Bewegung. Gemeinschaft mit einem Publikum stellt man nur her, wenn man so viel wie möglich von sich preisgibt. In der Bewegung von Menschen steckt mehr kommunikative Kraft als in den Worten, die wir sprechen. Wissenschaftler gehen von 60 bis 95 Prozent Anteil der nonverbalen Kommunikation an der Informationsübermittlung aus. Sprich, je mehr ich von meinem Körper und der Art, wie ich mich bewege, sichtbar mache, desto eher kann ich ganz und nicht nur teilweise verstanden werden.

Die dritte Ebene ist das Spiel. Ich trage nicht vor, ich spiele mein Publikum. Ein Vortrag ist dabei stets so aufgebaut, dass er eine Choreografie besitzt. Die Leute sollen an genau der intendierten Stelle lachen, den Kopf schütteln, mitdenken oder sich aufregen. Das Wichtigste hierbei ist stets, dass man mit dem eigenen Vortrag aus allen Zuhörenden ein Kollektiv schmiedet. Sie alle sollen gemeinschaftlich zum gleichen Zeitpunkt in die gleiche Emotion versetzt werden. Dabei versucht man nicht zu tief in die Psyche des Gegenübers einzudringen, sondern möglichst oberflächlich einfache Reize zu setzen. Man darf nicht der Versuchung erliegen, emotional zu übervorteilen, sondern muss Angebote machen, die man leicht und gerne annimmt, die man aber auch leicht ablehnen kann.

Die vierte Ebene ist erst die Sprache. Diese muss – so sehr dieser Begriff im kirchlichen Kontext auch verfälscht wurde – authentisch sein. Authentisch heißt aber eben genau nicht rücksichtslos oder unachtsam mit sich und dem Rahmen, sondern meint, dass ich meine Sprache nicht verstelle. Sie soll so klingen, wie ich sie auch am Küchentisch sprechen würde oder im Fußballstadion. Mein alter englischer Rhetoriktrainer ermahnte mich stets aufs heftigste, wenn ich meinen eigenen Stil brach, bei der Emotion überdrehte und das Publikum übervorteilte, statt es mitzunehmen.

Keine dieser vier Ebenen lässt sich leicht im Gottesdienst leben. Das Gottesdienstgewand verhüllt sowohl in der evangelischen als auch in der katholischen Kirche die Predigerinnen und Prediger. Die Kleidung des Priesters soll vor allem im katholischen Gottesdienst die besondere Rolle, die der Priester als Mittler der Mensch-zu-Gott- und Gott-zu-Mensch-Kommunikation einnimmt, unterstreichen. Er soll bewusst abgegrenzt werden vom Alltäglichen, damit die Gemeinde ihn nun nicht mehr als Person, sondern als Institution wahrnimmt. Für die eucharistische Wandlung und das Gebet ist genau dieser Ansatz funktional, für die Predigt einfach unpraktikabel. Denn in der Predigt spricht nicht eine Funktion, sondern der Mensch Priester zu den Gläubigen. Dabei trägt er ein seltsames Gewand das möglichst viel von ihm verdeckt. Er ist eben nicht als das zu erkennen, was er ist, sondern gut verborgen hinter einem Standard.

Auch die körperliche Bewegung von Priestern ist stark eingeschränkt. In ihrem Messgewand werden viele Bewegungen und nonverbale Signale verstellt. Das Gewand überlagert vieles von dem, was sonst Beziehung schafft. Auch ein Handmikrofon oder eine starke Stimme, die es ermöglichen, von der Kanzel herabzusteigen und zum Gottesvolk zu sprechen, helfen hier nicht viel. Im Messgewand sieht der predigende Priester immer ein bisschen aus wie Hui Buh, das Schlossgespenst.

Auch in evangelischen Kirchen gibt es dieses Problem. Zwar sind die Roben, die hier getragen werden, schlichter und die physische Position, von der aus gepredigt wird, oftmals näher, allerdings verdeckt dennoch die Uniformierung den Menschen hinter dem Gewand.

Das Spiel als dritte Ebene ist in Kirchen möglich, aber ungemein schwerer durchzusetzen. Dieses Spiel erfordert, dass man im Moment der Predigt ganz bewusst die andächtige Stimmung im Raum durchbricht. Der Schutzraum, den die Gottesdienstbesucher um sich herum geschaffen haben, indem sie sich möglichst weit voneinander entfernt haben, muss durchbrochen werden. Die Distanz der Menschen untereinander und zueinander macht es dabei ungemein schwer, diese mit emotionalen Fäden aneinander zu binden und zu einer gemeinsamen Reaktion zu animieren. Wenn ich mir vorstelle, wie ich das bewerkstelligen sollte, ich würde wohl die Gottesdienstbesucherinnen und Gottesdienstbesucher einzeln in der Predigt auffordern, den Platz zu wechseln – wohlwissend, dass dies niemand gut finden würde. Aber wie sonst soll ich erfolgreich eine Predigt sprechen?

Die letzte Ebene scheint mir beinahe die Schwerste, obwohl sie die leichteste sein müsste. Es ist die Ebene des authentisch Seins. Zu diesem Begriff gibt es viel zu viele Interpretationen, deshalb versuche ich ihn möglichst klar zu definieren. Authentisch in meinem Sinne heißt, dasjenige sprachliche und rhetorische Register in einer Situation zu nutzen, das gleichsam meinem alltäglichen Sprechen am nächsten und – bezogen auf die Sprechsituation – am angemessensten ist.

Dabei unterscheidet sich meine Definition vom authentisch Sein stark von dem, was ich oftmals erlebe, wenn Menschen von sich behaupten, authentisch zu sein. Mir geht es nicht um die rücksichtslose »Ich bin so wie ich bin und passe mich keiner Situation an« – Variante des authentisch Seins. Mir geht es nicht darum, barfuß in einem Gottesdienst aufzutreten oder kein Deodorant zu benutzen. Mir geht es nicht um das Ausdruckstanz-Authentisch, sondern darum, den Weg zu sich nicht zu verstellen.

Ich verzichte meist in meinen Texten auf Wortspiele, aber in diesem Falle scheint es mir hilfreich: »Den Weg zu sich nicht zu verstellen« ist eine Phrase, über die es sich in meinen Augen nachzudenken lohnt. Der Satz beschreibt, dass der erstrebenswerte Zustand in der Rhetorik der ist, der möglichst wenig Barrieren zwischen sich als Sprechendem und den Zuhörenden aufbaut. Dabei räumt man möglichst alles aus dem Weg, was dem Kontakt nicht dienlich ist. Im Klartext heißt das: Weg mit Fachbegriffen, wenn man zu Leuten spricht, die diese nicht kennen.

Weg mit kunstvoll hergeleiteten Theorien, wenn die Zuhörer diesen nicht folgen können. Weg mit Ringelpullovern, wenn diese im Gegenüber Ablehnung auslösen. Weg mit völlig verkopften Sprachbildern, bei denen man lange um mehrere Ecken denken muss, bevor man sie zu verstehen beginnt.

Das Wichtige bei diesem Unterfangen ist es, sich selbst nicht zu verlieren. Man räumt Dinge weg, die nicht elementar sind für die eigene Person und lässt diejenigen stehen, die fester Bestandteil des eigenen Selbst sind. Bei diesem Manöver sollte man dem Publikum gegenüber kulanter sein, als gegen sich selbst. Nicht ich stehe im Mittelpunkt meines Auftritts, sondern diejenigen, die zuhören. Wenn ich also all meine Barrieren zum Publikum damit rechtfertige, dass diese konstitutiv zu mir gehörten und nicht anerkenne, dass ich den Zuhörenden eine Chance lassen muss, mich auch sympathisch finden zu können, dann habe ich meinen Job als Sprecher oder Sprecherin schlicht falsch verstanden.

Ich will herausfinden, ob ich dieser Haltung bei Theologinnen und Theologen im Alltag begegne. Ich kehre zurück an einen Ort, dem ich vor langer Zeit den Rücken gekehrt habe: Das Theologicum in Tübingen. Hier habe ich jahrelang Theologie studiert. Ein interessanter Ort, denn hier teilen sich die katholische und die evangelische Fakultät ein gemeinsames Gebäude und eine gemeinsame Bibliothek.

Auch nach Jahren ist hier vieles beim Alten geblieben. Es gibt noch immer den muffigen Altbau und den schönen Neubau. Nirgendwo hat man mit seinem Handy Empfang.

Theologen unter sich sind eine ganz eigene Spezies. Sie tragen oft Klamotten, die mit der aktuellen Mode nichts zu tun haben: Blaue Jeans und ein weißes T-Shirt, Funktionsjacken aus Fleece, Wollpullover und gerne einen gestreiften Schal. In theologischen Kreisen trifft man noch auf Hawaiihemden und spießige Strumpfhosen zu einem grauen Rock. Man trifft auf barfuß gehende Menschen und auf Wanderschuhe. Man sieht Frisuren, die seltsam aus der Zeit gefallen sind. Schütteres Haar, nicht gestylt, durchaus gepflegt. Gel, Haarwachs, modellierte Frisuren sind selten. Ein Undercut ist nicht zu finden.

Die Art wie sich viele Theologinnen und Theologen kleiden, unterstreicht einen Eindruck, den man bei Theologen schnell gewinnen kann: Sie interessieren sich nicht für den Zeitgeist. Ein alter Bekannter aus dem Studium nennt es »Kontinuität in schnelllebigen Zeiten«, als ich ihn zufällig hier in der Bibliothek treffe und auf meine Beobachtung anspreche. Anders formuliert könnte man sagen: »Die Welt bewegt sich, wir bleiben stehen.« – Nur klingt es dann gleich nicht mehr so wertvoll.

Ich frage mich, ist diese Haltung rücksichtslos gegenüber den anderen?

Es gehört eine innere Geistes- und Grundhaltung dazu, sich so zu kleiden. Im Grunde hat diese Haltung auch etwas Starkes an sich. Man lässt sich nicht von anderen treiben, sondern folgt dem eigenen Empfinden. Es ist nicht wichtig, was die anderen denken, sondern ich muss mich wohlfühlen. In meinen Augen entsteht jedoch aus diesem Wohlfühlen ein Wohlfühlpanzer, durch den man als der Welt zugewandte Person kaum hindurch dringt. Der Weg ist verstellt.

Annäherung

Das Sprechen von Gott braucht Nähe. Es handelt sich um einen intimen Austausch. Genauer gesagt, spricht man beim erfolgreichen Sprechen von Gott nicht von ihm, sondern von sich selbst. Der Mensch ist sowieso nicht in der Lage Allmacht vollumfänglich zu beschreiben. Stattdessen können wir formulieren, wie wir uns im Verhältnis zum Allmächtigen erleben. Damit ist das Sprechen von Gott immer ein Sprechen über mich und Gott.

In gleicher Weise tut es übrigens auch die Bibel. Sie erzählt die Geschichte von Menschen, die eine Verhältnisbestimmung zu Gott vornehmen. Sei es Abraham, der Gottes Wille folgt, seinen Sohn zu opfern oder Mose, der in Gottes Namen dem Pharao entgegen tritt, oder Hiob, der Gott anklagt. Stets handelt es sich um ein kommunikatives Geschehen zwischen Mensch und Gott.

Wollen wir also beschreiben, was Gott ist und Gott will, dann beschreiben wir nicht, was im Himmel passiert, sondern wir beschreiben, was auf der Erde passiert und wie Gott hier wirkt und versuchen daraus zu lernen, was der Wille Gottes ist, um diesem zu entsprechen.

Im Grunde macht genau diese ständige Verhältnisbestimmung authentisches Sprechen von Gott ganz leicht. Denn ich muss mich nicht an das Gegenüber anbiedern, sondern ich kann von mir erzählen, von dem, was ich glaube und von dem, was ich erlebt habe, worauf ich vertraue und was Gott mir bedeutet. Ich muss Gott nicht so lange umformulieren, bis ich die richtige Variante für das Gegenüber gefunden habe. Das Sprechen von

Gott ist kein Zielgruppenmarketing, sondern Selbstoffenbarung. Komisch nur, dass die so oft misslingt.

»Halt, laufen Sie nicht weg!« – Mit diesen Worten eröffnete die Theologin Verena Maria Kitz ihr Wort zum Sonntag in der Halbzeitpause einer WM-Spielübertragung. »Halt, laufen Sie nicht weg!« Wer so seinen Text beginnt, der rechnet schon mit der Flucht des Gegenübers. Es ist gemachte Erfahrung, dass die meisten wegrennen, bei dem, was man zu sagen hat. Auf *katholisch.de*, dem offiziellen Portal der Deutschen Bischofskonferenz, kommentiert der Redakteur Felix Neumann treffend: »*Sie spricht, wie wir heute in der Kirche sprechen: In einem seltsamen Jargon, geprägt von religionspädagogischen Seminaren und Bildern und Sprachspielen aus dem Kindergottesdienst, der nichts damit zu tun hat, wie die Leute reden. Und trotzdem versucht dieser Jargon, einen zeitgemäßen Klang anzunehmen. Was dabei entsteht, ist Anbiederung, nicht Volksnähe.*«

Anbiederung – ein hartes Wort. Es ist so unangenehm glitschig. Es hat etwas von einem Versicherungsvertreter, der ständig zum Geburtstag Karten schreibt, obwohl man sich kaum kennt, und der stets so tun will, als stünde er mit mir auf einer Seite. Dabei weiß ich ganz genau, dass diese Person andere Interessen als ich hat und mit mir über eine Materie verhandeln will, von der ich keine Ahnung habe. Bei Versicherungsvertretern habe ich immer das Gefühl, dass ich betrogen werde. Dieses Gefühl staut sich in solchen Gesprächen stets auf und drängt nach außen. Fluchtinstinkte werden aktiviert. Mein Kopf schreit: EIN GEGNER!

Das Unangenehme an der Anbiederung ist, dass man erspüren kann, dass jemand nur freundlich ist, weil er oder sie etwas von mir will. Der Gewinn bei diesem Kontakt ist für mich nur ein kurzfristiger. Den langfristigen Profit streicht das Gegenüber ein.

Wenn kirchliche Verkündigung also zur Anbiederung wird, statt Nähe herzustellen, dann löst sie emotional im Gegenüber etwas völlig anderes aus, als sie erreichen will. Sie macht sich selbst als Gegner erlebbar, fordert geradezu dazu auf, fortzulaufen. »Halt, laufen Sie nicht weg!« – aber vielleicht gibt es allen Grund zu dieser Flucht?

Nähe statt Anbiederung kann organisiert werden. Sie beginnt damit, dass Menschen demjenigen begegnen wollen, können, sollen, der zu einem spricht. Weil aber der Geschmack der Leute sehr unterschiedlich ist, müssen auch die Menschen, die mit einem in Kontakt kommen sollen, unterschiedlich sein.

Wie soll ich Menschen erreichen, die mir selbst kulturell sehr fremd sind, die mich überfordern, mit denen ich nicht zu reden weiß? Wenn ich schon kein anderes Thema finde, über das ich gemeinsam mit diesen Menschen sprechen kann, wieso sollten die sich dann gerade für meine Verhältnisbestimmung zu Gott interessieren?

Daher ist es wichtig, dass diejenigen, die über sich und ihr Verhältnis zu Gott sprechen, verschieden sind. Da hätten wir auch schon die Krux der Geschichte. Die Mitarbeiterinnen und Mitarbeiter der Kirchen sind gar nicht so verschieden, wie sie glauben zu sein. Die Ähnlichkeit zueinander ist groß. Man rekrutiert sich nur aus wenigen gesellschaftlichen Gruppen. Dieser Umstand begrenzt mehr als alle anderen die Reichweite von Kirche in der Welt.

Aber wie bricht man eine solche Begrenzung auf – wie bekommt man neues Personal? Der Grund, warum nur bestimmte Menschen sich dafür entscheiden, in der Kirche zu arbeiten, ist, dass das System Kirche sich wie jedes andere System auch sich selbst reproduziert. Die Beharrungskräfte sind riesig.

Will man dies ändern, braucht man eine ganz bewusst geplante und strukturell verankerte Strategie. Bei jedem Einstellungsgespräch müsste zum Kriterium gemacht werden dass ein Bewerber bzw. eine Bewerberin kulturell möglichst schlecht ins Team passt, möglichst anders ist. Man müsste Menschen engagieren, bei denen man sich auf den ersten Blick fremd und verlassen fühlt. Diversität in Teams erfordert es, bewusst auszuhalten, dass man ganz anders ist – dass man sich immer wieder erst untereinander verständigen muss, was man tut und was einem wichtig ist und keinen Gemeinsinn voraussetzen darf. Das macht die Arbeit im Alltag nicht leichter, sondern oftmals schwerer, aber es kann die Arbeit auch massiv bereichern.

Manchmal erleben Kirchengemeinden dies ungewollt. Der Priestermangel führt dazu, dass Priester aus dem Ausland geholt werden, um eine deutsche Kirchengemeinde zu leiten oder in einer Vakanz auszuhelfen. In diesen Situationen kommt oft jemand ganz Fremdes in die Gemeinde. Selbst wenn die Sprache nicht das Problem darstellt, man hat doch oft ein sehr anderes Verständnis von Kirchengemeindearbeit, von der Rolle des Priesters und von dem, wie ein Gottesdienst funktionieren soll – übrigens auf beiden Seiten.

Mancher Priester, der aus einem Millionen-Ballungsraum zu uns kommt, ist entsetzt über die Einsamkeit des ländlichen Raumes, und mancher Priester, der aus sehr ruralen Gegenden der Erde kommt, ist überfordert von der zivilisatorischen Dichte unserer Ballungszentren.

Diese Fremdheit – das Anderssein – führt dazu, dass andere Menschen auch in den Gottesdienst kommen, aber es führt auch dazu, dass mancher Alteingesessene sich zurückzieht oder die Gemeinde wechselt. Die Veränderung in der Angebotsstruktur führt zu einer Veränderung der Adressatenstruktur. Eigentlich nichts Ungewöhnliches, aber in der Kirche, alles andere als Alltag.

»Dann hat der Pfarrer Witze in der Kirche erzählt und alle haben gelacht«, erzählt mir eine Ministrantin aus meiner Heimatgemeinde, als sie zufällig in der Stadt ist und wir uns auf einen Kaffee treffen. Sie berichtet von dem, was sie mit einem solchen Priester aus einem anderen Land erlebt hat. Ach, was würde ich mir wünschen, Lachen und Freude wären immer viel selbstverständlicher in unseren Kirchen.

In vielen großen Unternehmen ist es längst Standard geworden, ein möglichst diverses Team zusammenzustellen. Diese sind meist innovativer und produktiver, weil die kulturelle Reibung dafür sorgt, dass bessere Ideen und mehr Dynamik entstehen. Die Voraussetzung für die Rekrutierung neuer, anderer Mitarbeiter ist aber nicht nur, diese einstellen zu wollen, sondern auch die eigenen Berufs- und Arbeitsprofile so umzugestalten, dass diese bei mir arbeiten wollen.

Schaut man in unsere theologischen Fakultäten, dann ist schon hier die Auswahl an kultureller Vielfalt rar gesät. Diejenigen, die abweichen, verlassen den Studiengang oftmals. Dafür gibt es eine Vielzahl von Gründen. Man fühlt sich zwischen den anderen, die das Fach studieren, nicht wohl, es gibt viele Geschichten darüber, dass man ohne komplette Anpassung sowieso keine Chance habe, eingestellt zu werden, und es gibt Institutionen wie Bewerberkreise, in denen man auf die pastorale Arbeit vorbereitet wird, die aber für viele auch als Kontrollinstanz verstanden werden, ohne deren Empfehlung man nicht weiter kommt.

Während des Theologie-Studiums entstehen unzählige seltsame Kommunikationssituationen, wie es sie in keinem anderen Studiengang gibt. Denn, nicht der institutionelle Rahmen adressiert ein Problem dem einzelnen Studierenden gegenüber, sondern wohlwollende Kommilitonen und Professoren sprechen einen auf angebliche Risiken und Probleme an.

Ich erinnere mich noch an den Tag, als ein Professor mich

nach einem Seminar auf dem Gang abfing, hinter eine Säule zog und sagte: »Sie sind klug, bitte hören Sie auf Theologie zu studieren, machen Sie was aus Ihrem Leben. Machen Sie nicht den gleichen Fehler wie ich.« Es dauerte noch eine Weile, bevor ich mir seinen Rat zu Herzen nahm und tatsächlich ein paar Straßen weiter ein neues Studium in einem anderen Institut begann, in dem noch nie ein Student hinter eine Säule gezogen wurde. Dieser Moment damals im Zwischengang zwischen dem Altbau und dem Neubau im Tübinger Theologicum gehört für mich noch immer zu den befremdlichsten Begegnungen mit einem meiner Professoren.

Es sagt viel aus über eine Disziplin, wenn jemand, der sie unterrichtet, davor warnt, diese zu studieren. Ich bin mir sicher, er fand die Theologie an sich nicht dumm oder falsch. Hielt mich wohl auch inhaltlich nicht völlig fehl am Platz. Ich glaube, er hielt mich in Wirklichkeit auch nicht für herausragend intelligent. Aber damals war schon bemerkbar, dass ich ein kritischer Geist bin. Ich stelle gerne Dinge infrage, ich tendiere zu pointierter Meinung und polarisierender Position. Mit diesen Eigenschaften konnte er sich mich einfach nicht im kirchlichen Dienst vorstellen und hatte Sorge, dass mir als Theologe dann andere Wege verbaut wären.

Ich glaube nicht einmal, dass dieses Problem wirklich existiert, aber es gibt eine verdichtete Kommunikation darüber, die jeden adressiert, der Theologie studiert. Das heißt, die Normierung der Theologenschaft setzt schon viel früher ein, als die tatsächliche Einstellung für einen Job.

Will man dies aufbrechen, so muss man beginnen, aktiv dafür zu werben, auf der Suche nach anderen Typen zu sein. Nach Menschen, die nicht zu dem Bild passen, das wir von Theologinnen und Theologen haben. Rocker statt grauer Rock.

Unterwegs

So seltsam ich die meisten Theologinnen und Theologen finde, ich zähle doch viele von ihnen zu meinen Freunden, und das Thema lässt mich dauerhaft nicht los.

Ich besuche einen alten Freund und Priester in seiner Kirchengemeinde. Weinberge, gutes Essen erwarten mich. Herzlichkeit und gute Gespräche findet man in den meisten Pfarrhäusern, wenn man dorthin eingeladen wird. Die meisten Priester sind herzensgute Menschen, die sich für ihr Gegenüber interessieren – zumindest ist das meine Erfahrung mit Menschen, die dieser Berufung folgen.

Viele Priester sind dazu verdammt, in Pfarrhäusern aus den 1960er-Jahren zu wohnen. Braune Kacheln, nicht selbst zugeschnittene Räume und hässliche Treppenhäuser sind der Preis, den man schon beim Wohnen für die priesterliche Berufung als Gemeindepfarrer zu bezahlen hat. Man gibt viel Freiheit auf – unter anderem die Freiheit, über die eigene Wohnung komplett zu verfügen. Man gewinnt aber auch die Chance, Menschen näher zu kommen und ihnen existenzieller zu begegnen als in den meisten anderen Berufen. Wo sonst begleitet man Menschen durch die höchsten Glücksmomente wie die Trauung und die Taufe des Kindes? Wo sonst hält man den Trauernden die Hand, weil kein Wort den Schmerz über den Verlust des Liebsten hinweg trösten kann?

Das Meiste im priesterlichen Leben sind allerdings Routinen und Verwaltung. Eine Kirchengemeinde will nicht nur seelsorgerisch betreut, sondern auch gemanagt werden. Personalgespräche müssen geführt, Ein- und Austritte verwaltet, Liegenschaften unterhalten werden, und zwischen all diesen Aufgaben hat man auch mal Freunde zu Besuch. So auch mich. Nicht alles lässt sich dabei verschieben. Der Gottesdienst findet immer statt. »Es kommt darauf an, die Balance zwischen liebevoller Zuwendung und nervigem Alltagstrott zu meistern«, schreibt das ZEIT-Magazin über gelingende Beziehungen, und ich finde, diese Analyse passt auch wunderbar auf theologische Berufungen. Ich finde, meinem Freund gelingt die Balance in seiner Gemeinde sehr gut.

An diesem Mittwoch begleite ich ihn, den Priester, in die kleinste Kirche seiner Seelsorgeeinheit in den Werktagsgottesdienst. Niemand sieht, dass wir zusammen dort ankommen, ich sitze allein zwischen wenigen älteren Menschen, die gekommen sind. Vor dem Gottesdienst, währenddessen oder danach spricht mich niemand an. Niemand nimmt Kontakt auf zu dem jungen Mann, der plötzlich an einem Mittwoch in einer Kirche in der Provinz sitzt. Niemand heißt mich willkommen, niemand fragt mich, was ich hier tue, niemand spricht mich darauf an, dass ich das erste Mal in diesem Gottesdienst in dieser Kirche bin. Ich werde schlicht nur angeschaut und ignoriert.

In dieser Kirche fühlt sich niemand als Gastgeber. Alle sind nur Besucherinnen und Besucher. Die ganze Aufgabe der Integration in die Gemeinschaft wird delegiert an den Priester. Ich habe das Gefühl, die Gottesdienstbesucherinnen und -besucher erleben sich nicht als Teil einer Gemeinschaft, in der jeder und jede Verantwortung trägt, sondern schlicht als Gottesdienstkonsumenten. Quasi ein Fernsehprogramm, an dem man selbst teilnimmt, aber man bleibt Zuschauer und wartet ab, was auf der Bühne passiert.

Die seltsame Sprache der Kirche wird nicht allein von Theologinnen und Theologen gesprochen, sondern sie ist eine kollektive Form der kommunikativen Verwahrlosung innerhalb unserer Kirche. Niemand fühlt sich zuständig, niemand nimmt sich Zeit für diejenigen, die neu dazustoßen. Verantwortung für das Miteinander wird immer auf diejenigen übertragen, die am wenigsten Zeit haben, sich darum zu kümmern, weil sie die meisten anderen Aufgaben bereits übernehmen.

Ich gehe auf viele öffentliche Veranstaltungen. Im Grunde stellt man sich immer einander vor und kommt miteinander ins Gespräch. Dabei muss nie der oder die Veranstaltungsleitung bzw. Moderation dafür sorgen, dass man miteinander ein Gespräch beginnt. Es passiert von ganz alleine. Nur im Gottesdienst ist das anders. Da kann man kommen und gehen und das Gefühl haben, es hätte nicht den Hauch eines Unterschiedes gemacht, ob man nun da war oder nicht. Das gesamte System Gottesdienst interessiert sich nicht für die Menschen, die daran teilnehmen.

Gerade diese Form der Nicht-Kontaktaufnahme macht den seelsorgerischen Kontakt durch Kirche mit Menschen so schwer. Dabei ist genau dieser Kontakt ihre eigentliche Stärke. Wer sonst kann besser mit Menschen über Sinn und Glück sprechen, ohne mit leichten Antworten zu verführen? Das Problem ist nur: Man kommt so schwer durch diese Wand aus Schweigen. Watzlawick sagt, man kann nicht nicht kommunizieren, und damit ist das Schweigen der anderen in der Kirche nicht nur ein Schweigen, sondern auch ein implizites »Du störst!« oder ein »Du bist hier nicht willkommen«. Über diese ablehnende Haltung muss man sich hinwegkämpfen, wenn man mit Menschen innerhalb der Kirche ins Gespräch kommen will. Diesen Aufwand betreiben viele Menschen nie, manche einmal im Leben, aber die wenigsten immer und immer wieder.

Genau das muss man aber tun, wenn man gleichzeitig auf dem heutigen Arbeitsmarkt bestehen und innerhalb der Kirche jeweils seinen Platz finden will. Denn Kirche ist territorial und nicht mobil in ihren Beziehungen. Egal wohin man zieht, man muss sich immer wieder von Neuem durch die harte Wand der Nicht-Kommunikation in der Per-Sie-Kirche kämpfen, bis man Teil der Gemeinschaft ist. Ein Kampf, der mit jedem neuen Wohnort müßiger erscheint.

Die jungen Menschen sind mobiler denn je. Sie verlassen ihre Heimatorte für Ausbildung, Studium, Beruf. Sie sammeln Auslandserfahrung und bleiben bereit, immer wieder umzuziehen und anderswo neu anzufangen. Dabei lassen sie Wohnungen, manche Möbelstücke und ihre Kirche zurück.

Eine Seelsorgebeziehung baut auf ein Vertrauensverhältnis. Dieses baut sich nur langsam auf und verstärkt sich im Lauf der Jahre. Es ist wie das Vertrauensverhältnis zum eigenen Hausarzt. Man sucht sich nur ungern einen neuen Arzt in einer fremden Stadt, aber irgendwann kommt eine Grippe, und der Husten wird so stark, dass man es wohl oder übel tun muss. In der Seelsorge bleibt diese Notwendigkeit oft aus. In Zeiten akuter Krisen fällt es noch schwerer, neu mit jemanden zu beginnen und sich zu öffnen. Da wird der Therapeut oder mancher Freund oder manche Freundin schnell zum Seelsorgerersatz. Eine kirchliche Vertrauensperson am neuen Wohnort ist oft nicht bekannt.

Auch ich habe irgendwann einmal meine Kirchengemeinde zurückgelassen. Ich hatte einen Schlüssel zur Kirche und verbrachte dort viel freie Zeit. Dann ging es an die Uni in eine fremde Stadt. Anschluss an eine neue Kirchengemeinde habe ich dort nie gefunden oder nie gesucht. Meine Kirche war schließlich die in der Heimat. Aber wie das so ist mit mancher Freundschaft: Wenn man sich sehr selten begegnet, dann entfremdet man sich auch zuweilen, und so riss auch mein Beziehungsfaden zur Kirchengemeinde zu Hause ab.

Ich bin in der glücklichen Lage, über verbandliche Jugendarbeit noch neue Beziehungen zur und mit der Kirche aufgebaut zu haben. Wenn ich nun entscheiden müsste, welchen Seelsorger ich im Falle eines Beratungsbedarfs anrufen soll, dann wohnt und wirkt dieser nicht in meinem Heimatdorf, sondern viele Kilometer davon entfernt und noch viel mehr Kilometer von meinem heutigen Zuhause in der Großstadt entfernt. Diese Beziehung ist stabil, obwohl wir uns nur noch alle paar Jahre gegenseitig besuchen, weil es einen Kontakt gibt, der Bestand hat. Manchmal schreiben wir ein paar Nachrichten hin und her. Ab und zu mal eine SMS. Zuweilen begegnen wir uns auf einer Veranstaltung oder besuchen uns bewusst. Die Beziehung hält, weil sie gepflegt wird, und ist zur Freundschaft geworden.

Meine Geschichte hat Seltenheitswert. Sie beschreibt, wie über viele Ortswechsel hinweg, eine Beziehung zur Kirche und ihrer Seelsorge erhalten bleibt, auch wenn der Anschluss an eine neue lokale Kirchengemeinde nicht gelingt. Sie hat Seltenheitswert, weil der Normalfall schlicht die Entfremdung des umherziehenden jungen Menschen von der Kirche ist. Ein Fehler, der systematisch in der heutigen Struktur der lokal gebundenen Kirche angelegt ist.

Kirche kann man nicht mitnehmen, sie überbrückt keine Strecken – sie ist von ihrer institutionellen Struktur her immer lokal und territorial. Alle Beziehungen über Gemeinde-, Dekanats- und Diözesangrenzen hinweg sind nicht strukturell angelegt, sondern entstehen beiläufig und initiativ von Einzelpersonen. Warum gelingt es uns in der Kirche nicht, diesen Beziehungen einen Rahmen zu geben?

Die strukturelle Einbettung der heutigen Mobilität in die kirchlichen Seelsorgebeziehungen ist kein unlösbares Unterfangen. Im Kern ist die Mechanik einer mobilen Beziehung anstatt territorialer Seelsorgehoheit recht einfach. Jede Beziehung beginnt mit einer Begegnung. In der Kirche finden diese Begegnungen oftmals im Jugendalter statt. Kommunion und Firmung sind die Initiationssakramente, in denen sich junge Menschen für die Mitgliedschaft in der Kirche entscheiden. Selbstverständlich ist für viele dieses Ritual sinnentleert, aber für einige eben auch nicht. Sinnig wäre im Anschluss an diese Initiation eine Weggemeinschaft zu bilden. Die zuerst lokal gelebt und dann mit dem Weggehen aus beruflichen Gründen einen mobilen Charakter erhält.

Der Seelsorger wird in einer solchen Weggemeinschaft zum Bindeglied. Er schafft Angebote, die zur jeweiligen Lebenssituation der Gemeinschaftsmitglieder passen. Er lädt ein-, zweimal pro Jahr ein, sich zu begegnen, um über Berufswahl, Abschlussängste, Familiengründung oder die Unterbringung der eigenen Eltern im Pflegeheim miteinander ins Gespräch zu kommen. Ein Angebot, das mit der Lebensphase der Weggemeinschaftsmitglieder mitwächst.

Dieser Seelsorger bleibt im Kontakt. Egal wo es seine Gemeinde hinverschlägt, er bleibt die Konstante auf dem Lebensweg, selbst wenn Freunde verloren gehen, Familien auseinanderbrechen oder ein neuer Umzug ansteht. Dieser Seelsorger ist auch der Priester, der ein Paar aus seiner Weggemeinschaft traut, weil er eine persönliche Beziehung zum Brautpaar hat. Er tauft die Kinder, die aus der Ehe hervorgehen, egal wo diese Familie dann ihren Lebensmittelpunkt hat.

Es ist eng auf dem Markt der Sinnagenturen geworden. Kirche steht in Konkurrenz zu esoterischen Angeboten, zu Selbstverwirklichung, Therapie, religiösen Gemeinschaften und allen möglichen Anbietern von Sinn und Unsinn. Ihr fehlt in dieser Welt ein Alleinstellungsmerkmal, das sie stärkt und zum zentralen Ansprechpartner in seelsorgerischen Fragen macht. Dieses Alleinstellungsmerkmal kann eine lebenslange Beziehung werden. In einer Welt, in der sich so vieles auflöst, ist solch eine Beziehung etwas Besonderes.

Möglich wird das Management solcher Beziehungen durch moderne Kommunikation. Es braucht nur alle paar Monate einen kurzen Chat, ein kurzes Nachfragen, eine Whatsapp-Nachricht oder einen Anruf. Vielleicht reicht auch ein schneller Kommentar unter dem Facebook-Posting eines anderen. Minimale Kommunikation hält Beziehungen aufrecht und wird damit leistbar. Und trotz der Tatsache, dass es nur seltene Begegnungen miteinander und nur wenig Kommunikation gibt, festigt sich im Lauf der Jahre dadurch eine Beziehung zwischen dem Seelsorger und seinem Gemeindemitglied. Eine feste Beziehung, die den Seelsorger in der schweren Krise zum ersten und besten Ansprechpartner macht.

Eine mobile Seelsorgebeziehung überführt die Kirchengemeinde wieder in das, was sie lange gewesen ist und heute nicht mehr sein kann: Eine dauerhafte, nahe Beziehung, in der man sich kennt und sich gegenseitig nach dem Glauben fragt. Das Konzept der Kirchengemeinde basiert im Kern auf dem Gedanken, dass Menschen am gleichen Ort aufwachsen, leben und sterben. Die Seelsorgebeziehung lebt vom Sich-Gegenseitig-Kennenlernen und schließlich vom Einander-Kennen. Mit der gesamten Geschichte – ein Leben lang.

Heute leben die Menschen nicht mehr in einem Ort. Sie gehen weg und müssen ihre Kirchengemeinde zurücklassen, weil die Kirche noch nicht bereit ist, sich mit auf den Weg zu machen.

Macht die Kirche ihre Seelsorgebeziehung mobil, bleibt sie ein Leben lang per Du mit ihren Gläubigen.

HOFFNUNG

Zuneigung

Man kann in unserer Kirche zu Hause sein. Ein Gefühl, das Hunderttausende in unseren Diözesen erleben. Kritiker, die nur von außen auf Kirche blicken, verkennen diese Dimension sehr oft. Für die meisten, die ihre Heimat in der Kirche gefunden haben, beginnt dieses Gefühl der Zugehörigkeit im Jugendalter. In Gruppen, Verbänden, bei den Ministranten oder auf Ferienfreizeiten haben sie erlebt, dass Kirche mehr ist, als eine kalte Oberfläche. Sie hat ein warmes, freudvolles Innenleben.

In tausenden Momenten sitzen Menschen beisammen und singen Lieder. Wenn man auf Jugendliche schaut, die auf einer Jugendfreizeit an einem Gottesdienst teilnehmen, dann kann man Teenager sehen, die sich gegenseitig im Arm halten. Das hat nicht zwangsläufig etwas mit Sexualität zu tun, sondern vielmehr mit Zuneigung und Vertrauen zueinander und ineinander. In diesen Momenten bekommt die Kirche ein anderes Gesicht und im besten Falle eine andere Sprache. Der ständige Nachdruck, der sonst jede Botschaft so gewollt und verzweifelt klingen lässt, bleibt aus. Glaube wird ein ehrlich gemeintes Angebot, und nicht wenige nehmen es dankbar an.

Freundschaft, Zuneigung und Gottesdienst verbinden sich zu dem, was diese Feier sein will: Ein familiäres Geschehen – eine Gemeinschaft des Glaubens.

So wie das gemeinsame Feiern des Glaubens sich hier ausdrückt, macht es Hoffnung darauf, dass nicht alles Sprechen der Kirche immer wieder scheitern muss. Es gibt Momente, da das ganze

System Kirche sich selbst entkommt. Kalte Kirchenmauern sind hier genauso fern wie schwülstige Marienverehrung, es gibt keine bemühten Analogien, und kein Theologe prellt einen Basketball in einem peinlichen Anspiel. Ja, das mit dem Basketball habe ich wirklich erlebt. Ein Priester prellte den Ball durch eine Kirche und warf ihn einer Pastoralreferentin zu. Die beiden spielten coole Jugendliche und sagten Dinge wie »Yo, Alter«. Das einzige Manko: Die Nummer mit dem Basketball war das uncoolste, das ich jemals gesehen habe.

Zum Glück war dieser Gottesdienst ein großer Ausrutscher der beiden. Normalerweise machten sie ihren Job richtig gut. Nur dieser Basketball, der hat sich bis heute in mein Gedächtnis besser eingebrannt als jeder andere Gottesdienst, weil ich die bemühte Methode so unendlich beschämend peinlich fand.

Jugendarbeit kann auch ganz gut ohne Basketbälle. Ich erinnere mich gerne an ein katholisches Seminar, das ich mit einer Kollegin aus der Erzdiözese Freiburg zusammen vorbereitet habe. Wir machten junge Menschen fit für politisches Denken und Handeln innerhalb und außerhalb der Kirche. Wir wollten sie dazu ermuntern, sich einzubringen, mitzubestimmen, aber auch eine starke Stimme kirchlicher Ethik nach außen in die Welt zu tragen.

Natürlich beinhaltete dieses Seminar auch eine gemeinsame Andacht. Nur wie? – Wie so oft überlegten wir, ob wir wieder einmal alle zur Ruhe zwingen sollten. Wir erwogen Lieder mit der Gruppe zu singen, obwohl wir beide denkbar schlecht singen können, und keiner von uns beiden ein Instrument spielt.

Wir entschieden uns für etwas ganz anderes. Wir nahmen uns in Jesus Christus ein Vorbild. Wir besorgten guten badischen Wein und leckeres Brot. Verzichteten auf Stille und wagten etwas, was wir in der Kirche zu selten tun: Wir lachten. Wir fragten die Gruppe, ob sie Lust hat, mit uns gemeinsam zu essen und zu trinken. Wir saßen mit den Jugendlichen auf Decken, lagen herum, tranken Wein, scherzten und sprachen – nicht zuletzt auch über Bibelworte und Gott. Aber eben ungezwungen, mit einer schönen Prise an Humor und unter Weineinfluss.

War das nun weniger Andacht als das Vorlesen einer Geschichte? War das weniger Andacht als das gemeinsame Singen eines Liedes? War das nun keine gute Erinnerung an das Abendmahl? Ich glaube doch. Zumindest blieb es allen länger im Gedächtnis, und am nächsten Morgen sagten viele, dass sie nicht wussten, dass das Feiern von christlicher Gemeinschaft auch so gehen kann – ganz ohne Peinlichkeit.

Für mich sind solche positive Erfahrungen mit Kirche bei weitem in der Überzahl. Ich habe Kirche fast immer als herzlich, persönlich und nahbar erlebt. Die Menschen dort interessieren sich für ihr Gegenüber und strahlen Freundlichkeit aus. Wenn man dazugehört, dann macht man gute Erfahrungen. Dennoch, selbst bei denen, die alltäglich mit Kirche umgehen, setzt sich der Eindruck fest, dass das, was sie mit Kirche erleben in Wirklichkeit eine Ausnahme und nicht die Regel ist. Denn immer, wenn man etwas medial Vermitteltes über die Kirche sieht, dann ist es hölzern, formal, hierarchisch, autoritär und unglaublich langweilig. Warum nur bekommen wir die positiven Geschichten über die menschlich nahbare Kirche nicht erzählt? Vielleicht, weil wir nicht wissen, wie man erzählen kann, was Kirche ist, wenn nicht eine formale Institution.

Die Raupe

Haben Sie schon mal jemandem erklärt, was man in der Kirche tut?

»Stellen Sie sich vor, Sie wären ein Kieselstein in einem Flussbett. Was für ein Kieselstein wären Sie und wie lassen Sie sich vom Wasser treiben? Stoßen Sie an die anderen Steine oder reiben Sie daran?« Ich konnte es ehrlich gesagt nicht fassen. Wurde das gerade wirklich gefragt? Ja, ich hatte mich nicht verhört. Ich saß in einer Kandidatenbefragung für ein Leitungsamt in einem katholischen Verband und hörte als Gast der Befragung durch die Wahlberechtigten zu.

Es ging wohlgemerkt nicht um eine theologische Stelle, sondern um den Posten des Finanzvorstandes. Der Gefragte war als Betriebswirtschaftler auch sichtlich überfordert. Er wusste nicht, was er auf solch eine Frage antworten sollte, und ich glaube fast, er wusste auch nicht, warum sie ihm gestellt wurde.

Die Frage, ist eine Frage, wie sie nur in der Kirche gestellt wird und sie ist kein Einzelfall. Der arme Kandidat für das Amt des Finanzvorstandes wurde auch noch gefragt, was für ein Schmetterling er werden würde, wenn er sich vorstellte, jetzt eine Raupe zu sein. Ganz ehrlich, wer möchte sich schon vorstellen, eine Raupe zu sein oder mit einer verglichen werden?

»Warum machen die das?«, frage ich eine alte Freundin, die solche Befragungen auch zur Genüge kennt. Ihre These finde ich sehr interessant und spannend: In jedem Verein und in jeder Organisation kann man klar beschreiben, was sie macht und wofür sie da ist. Das Rote Kreuz hat Ortsvereine. In denen wird gelernt wie man Menschen rettet, und diese ausgebildeten Menschen bilden dann eine ehrenamtliche Einsatztruppe, um Menschenleben zu retten. Im Fußballverein lernt man, wie man Fußball spielt und bildet dann eine Mannschaft, die gegen andere Mannschaften antritt. Im Alpenverein hält man Hütten instand und sorgt dafür, dass die Alpenwege markiert bleiben. Bei der Feuerwehr lernt man, wie man ein Haus löscht und wartet dann darauf, bis man zum Einsatz gerufen wird und trinkt in der Zwischenzeit mit den Kameraden Bier. In der Strickgruppe trifft man sich und tauscht Strickmuster aus, quatscht und strickt. Und in der Kirche? – Nun ja, was auch immer man da tut, man ist eben Kirche, und Kirche ist anders. So einfach ist die Frage gar nicht zu beantworten, was genau man macht, wenn man in einer kirchlichen Gruppe ist. Man sitzt nicht da und redet ständig über die Bibel, aber man betreibt eben auch nicht immer Sport, man macht etwas Zweckfremdes, aber nichts Zweckfreies. Ach, es ist wirklich schwer auszudrücken. Eine häufig genannte Formel ist dann: »Das kann man nicht erklären, das muss man erleben!« – Nur wie kann man das zu Erlebende dann kommunizieren?

»Welcher Schmetterling wärst Du?« – Es ist der Versuch jemanden dazuzubringen, sich in etwas hineinzufühlen, um zu erproben, ob die Person auf einer ähnlichen Ebene empfindet wie man selbst, um daraus Rückschlüsse zu ziehen, ob diese Person zu dem diffusen Gefühl passt, das man mit der eigenen Organisation verbindet. Es ist im Grunde die Frage: »Passt Du zu dem, wovon ich nicht erklären kann, was es ist?«

Wenn man schon untereinander nicht auszudrücken vermag, was man tut, wofür man da ist und worum es geht, wie erst soll man das dann nach außen kommunizieren? Man versucht es vielleicht einmal oder zweimal, aber spätestens beim wiederholten Scheitern, zieht man sich kommunikativ zurück. Das Schöne in der Kirche, das kirchliche Leben, kann man kaum kommunizieren, und damit bleibt es unausgesprochen und verschwindet aus der öffentlichen Wahrnehmung. Viel leichter kann man den Behördenteil von Kirche erklären. Die Strukturen und die Formalismen, die Funktionen und das Organigramm der Institution. Das menschliche Innenleben bleibt der Öffentlichkeit verborgen, weil man es so schwer erklären kann. Wer es erlebt, assoziiert es nicht als eigentlichen Kern des kirchlichen Lebens, sondern als seltene, positive Abweichung von der sonst tristen Norm und verkennt dabei, dass das Schöne in der Kirche Alltag ist und nicht jeder Mensch in der Kirche einen schwarzen Anzug trägt.

Vordergrund

Viele Jahre war ich Sternsinger. Wie tausende andere Kinder bundesweit war ich zwischen Weihnachten und dem Dreikönigstag in meinem Heimatdorf unterwegs, klingelte an Türen und sang Lieder, um Spenden für Hilfsprojekte zu sammeln. Ich schrieb den Haussegen C+M+B an die Haustüren und korrigierte brav Eltern, die ihren Kindern sagten, dass dies Casper, Melchior und Balthasar heiße, mit der korrekten lateinischen Formel »christus mansionem benedicat«.

Wenn es besonders gut lief, bekamen wir nicht nur viel Geld in die Spendenbüchse gesteckt, sondern auch noch Süßigkeiten. Abends dann, nach getaner Arbeit, versammelten wir uns alle im Gemeindezentrum und schütteten einen großen Berg aus Gummibärchen und Schokolade auf und verteilten diesen möglichst gerecht untereinander.

Das Sternsingen ist eine schöne Kindheitserinnerung. Man ist Teil der größten Kindersozialaktion der Welt. Darauf kann jedes Kind stolz sein und man hat einmal im Leben einen echten Berg Süßigkeiten.

»Ich finde, man kann das jetzt bei den Sternsingern wieder sehr gut sehen. Das sind Kinder, die da unterwegs sind. Kinder machen die Arbeit. Aber wenn es dann darum geht, wer ein Interview geben darf, ist es wieder einer mit einem Priesterkragen.« Die Mutter, die mir das sagt, ist genervt. Sie hat keine Lust darauf, dass sich immer jemand an den Kindern vorbei in den Vordergrund drängt.

»In der Kirche kommen viel zu selten diejenigen zu Wort, die

die Arbeit gemacht haben. Am Ende spricht immer ein Mann, am Ende spricht immer ein Priesterkragen«, schimpft sie.

Ihren Frust kann ich nur zu gut verstehen. Es ist dergleiche Frust, den viele Menschen mit Politikern haben, die sich in den Vordergrund drängen, wenn sie eigentlich nur wenig beigetragen haben. Veranstaltungen, bei denen jemand anderes gewürdigt werden sollte, werden von Politikern nur allzu gerne gekapert und zur Selbstbeweihräucherung genutzt.

Wenn man in der Kirche auch so handelt, dann ist es nur natürlich, dass sich Menschen darüber ärgern, statt diese Kommunikation als wertvoll zu empfinden.

Ich gebe die Worte »Sternsinger + Merkel« bei Google ein. Das Ergebnis überrascht mich. Es ist weit und breit kein Priesterkragen zu sehen. Da stehen rund hundert Kinder und Jugendliche – Sternsingerinnen und Sternsinger, aber keine offiziellen Kirchenvertreter. Es ist nicht nur ein Bild zu finden, sondern hunderte. Hunderte Bilder von Sternsingern ohne Priester. Selbst wenn ich den Begriff »Sternsingerempfang« google, kommt bei der Bildersuche nur ein Meer von Sternsingern heraus und keine Priester.

Es hat sich ein Bild festgemacht in den Köpfen von katholischer Kommunikation. Dieses Bild sieht standardmäßig vor, dass ein Priester in den Mittelpunkt gerückt wird. Wann immer wir auch nur ein einziges Bild sehen, das zu diesem Image passt, wird es verstärkt. Es reicht schon, wenn der Priester nur eine Randerscheinung ist, wir unterstellen stets, er stünde im Mittelpunkt. Häufig genug stimmt es ja auch. Häufig genug spricht nur ein Priester im Namen der Kirche, aber oftmals achten wir auch besonders auf den Priester. Das geht einfachen Kirchenmitgliedern nicht anders als Medienvertreterinnen und -vertretern. Die halten nämlich besonders gerne dem Priester das Mikrofon hin statt allen anderen. So verdichtet sich ein Bild davon, dass immer

Männer, immer Priester und niemals die ganz normalen Menschen in der Kirche sprechen.

Ein Bild, das so besonders hart trifft, weil viele Menschen Priester für seltsam halten. Sie können mit dem Zölibat nichts anfangen und imaginieren einsame, gebrochene Gestalten im Priestergewand.

Oberflächlichkeit

Das Wort Oberflächlichkeit ist in der Kirche verpönt. Es steht für alles, woran man sich nicht orientieren sollte. Nicht das Aussehen entscheidet, sondern das Herz. Nicht Hautfarbe, Schönheit oder körperliche Stärke sind von Bedeutung, sondern die Entscheidungen, die ein Mensch trifft, machen diesen aus.

Gespräche über die Oberflächen von Kirche werden schnell beendet. Man will sie nicht führen, weil sie scheinbar die Sicht auf das Wichtige verstellen. Dabei täte der Kirche ein Gespräch über ihre Oberflächen gut.

Es ist etwas kaputt an der Oberfläche der Kirche, wenn falsche Bilder in den Köpfen der Menschen vorherrschen. Wenn sie denken, Priester seien einsam und krank. Es liegt etwas im Argen, wenn man sich in den Kirchen dazu aufgefordert fühlt, nur zu schweigen statt sich frei zu fühlen. Es geht in der Kommunikation etwas schief, wenn unterstellt wird, es würden sich immerzu Priester in den Vordergrund drängen, obwohl da nur Kinder stehen. Es gibt viel zu verbessern, wenn die Repräsentanten von kirchlicher Verkündigung sich nicht dafür interessieren, wie sie bei anderen ankommen. Es muss sich etwas ändern, wenn alle Welt an Weihnachten über eine Meldung des Postillion lacht: »Von Gold umgebener Chef von billionenschwerem Unternehmen kritisiert Kapitalismus.« (Postillion 28.12.2015)

Papst Franziskus hat die Bedeutung der Oberflächen verstanden. Er verändert sie und fällt damit auf. Er verändert die Sprache, die wir von Kirchenoberhäuptern gewohnt sind. Statt wissenschaftlicher Nüchternheit, fällt er mit emotionaler Einfachheit auf. Er setzt bewusst darauf, ein kleines Auto zu fahren. Er präsentiert sich ohne Prunk und Brokat. Allen Satiremeldungen zum Trotz ist er meist nicht von Gold umgeben, sondern ganz bescheiden und nahbar.

Der Heilige Vater allein kann die Oberflächen der Kirche nicht verändern. Sie bestehen nicht nur aus dem kirchlichen Oberhaupt. Die Oberfläche der Kirche bilden unsere Räume, unsere Kleider, unser Verhalten und unsere Sprache. All das transportiert ein Bild nach außen, das über das hinwegtäuscht, was die Kirche wirklich ist. Wir machen keine Gemeinschaft erkennbar, sondern eine Behörde. Unsere Gotteshäuser wirken wie Gräber statt wie Häuser voller Leben. Unsere Mitarbeiterinnen und Mitarbeiter wirken wie aus der Zeit gefallen statt als aktiver Teil unserer heutigen Welt. Unsere Sprache klingt entmenschlicht, obwohl sie doch vom menschlichen Miteinander erzählt. Unser Verhalten wirkt abweisend, obwohl wir uns wünschen, dass die Kirche wieder mehr Menschen erreicht.

Die Veränderung von Oberflächen ist ein kollektiver Prozess. Sie beginnt vielleicht in kleinen Schritten. Winzige individuelle Handlungen können schon einen Beitrag leisten. Fangen Sie einfach an, sich in einer Kirche genauso zu bewegen wie außerhalb. Sprechen Sie in der gleichen Lautstärke. Brechen Sie Ihr Gespräch nicht ab. Setzen Sie sich nah zu anderen. Oder wagen Sie ein kleines bisschen Guerilla-Arbeit und verteilen Sie »Reserviert«-Schilder auf allen Kirchenbänken und lassen Sie nur so viel Platz, wie Menschen in die Kirche kommen, auf dass sie näher zueinanderrücken.

Ein neuer Auftritt von Kirche muss sich auch im Sprechen ausdrücken. Lassen Sie das nächste Mal einfach die belanglose

Geschichte weg, wenn Sie predigen. Sagen Sie einfach, was Sie sagen wollen, so wie sie es einem Freund sagen würden. Sie wären überrascht, was sich plötzlich verändern kann.

Denken wir Kirche neu, sie hat eine passende Oberfläche zu ihrem liebenswerten Inhalt verdient.

Abschied

Ich habe lange an diesem Buch geschrieben. Das Schreiben begann mit Zorn. Zorn auf eine Kirche, die ich packen und schütteln möchte, damit sie sich endlich nicht mehr so verhält, wie ich es kaum ertrage.

Ich polterte im Internet, und die Reaktion war groß. Sie überraschte mich sehr. Ich hatte nicht damit gerechnet. Mein Blogbeitrag, der dieses Buch losgetreten hat, war nicht dazu gedacht, große Reichweite zu erzielen. Im Grunde ist die Geschichte dieses Buches ein Zufall. Mein Artikel geriet in die falschen Hände. Theologen fanden ihn und teilten ihn. Er verbreitete sich weiter und wurde öfter und öfter zitiert. Er wurde von Theologen verschickt und verbreitet, diskutiert und kritisiert. Dabei kratzte er nur an der Oberfläche und hatte kein bisschen Tiefgang. Er wollte nicht mehr sein als eine Provokation und setzte dennoch einen Dialog in Gang. Einen Dialog zwischen mir und meiner Kirche.

Meine Kirche – es sagt sich so leicht. Dabei ist sie mir mehr als einmal fremd geworden im Lauf der Jahre. So fremd, dass ich ihr zuweilen ganz den Rücken zukehrte.

Dieses Buch erinnert mich an etwas, was ich schon lange weiß: Die guten Seiten der Kirche überwiegen.

So sehr sie mich im Alltag auch frustrieren mag, so sehr ich ihr zornig Vorwürfe zurufen will, so sehr weiß ich auch, dass man nur zornig auf das sein kann, was man auch liebt.

Während ich dieses Buch geschrieben habe, habe ich meine Kirche neu entdeckt. Vielleicht erging es Ihnen beim Lesen in ähnlicher Weise. Ich habe mit vielen Theologinnen und Theologen gesprochen und habe stets sehr selbstreflektierte Menschen getroffen. Unternehmen Sie den Versuch, solche Menschen in dieser Menge in einem anderen gesellschaftlichen Bereich zu finden. Sie werden in keinem großen Unternehmen und in keinem Verband so viel selbstkritische Distanz finden. Sie werden kaum in einer anderen Organisation so vielen Menschen begegnen, die mit dem hadern, was sie erleben und tun und dennoch die Treue halten.

»Dennoch« ist mein Lieblingswort. Es drückt alles aus, was man über die Kirche sagen kann. Allem zum Trotz, ist sie dennoch gut.